MW01639624

LE JARDIN
DU VASTERIVAL

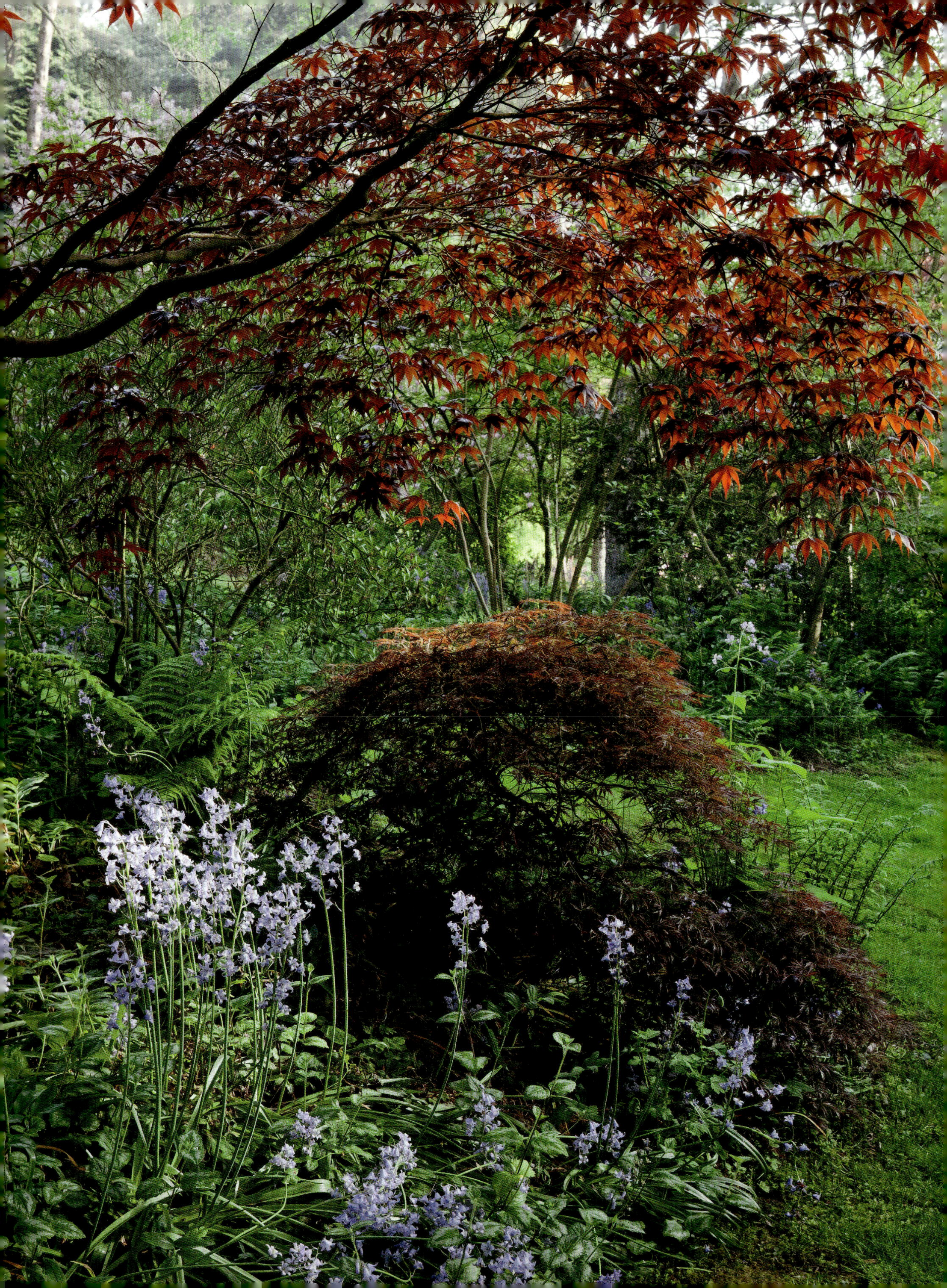

LE JARDIN DU VASTERIVAL

Photographies / photography by
Joëlle et Gilles Le Scanff-Mayer

Texte / text by
Princesse Irène Strudza
et Didier Willery

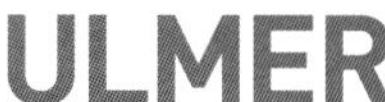

INTRODUCTION

Cinq ans après la parution du deuxième livre de la Princesse Greta Sturdza, *Un jardin pour les 4 saisons,* j'ai l'honneur de présenter ce recueil de photos du Vasterival en hommage à son œuvre et à 50 ans de passion, mais aussi avec un regard admiratif sur l'année écoulée et confiant sur l'avenir du Vasterival.
En effet, cette série d'images tout à fait nouvelles, signées Gilles et Joëlle Le Scanff-Mayer, a été réalisée au cours de l'année 2010, première année de vie du jardin sans sa créatrice. Ces photographes, habitués du Vasterival, ont tenu à rappeler, au travers d'angles de vue parfois classiques, souvent nouveaux et insolites, les charmes de chaque saison bien connus dans ce jardin ; mais ils font aussi découvrir l'évolution des parties les plus récentes et l'important travail d'éclaircissement réalisé durant cette année dans les parties les plus anciennes, révélant des lumières aussi fascinantes que magiques.
Transformer un vallon boisé en un paradis botanique et horticole, telle fut la prouesse de la Princesse Sturdza. Connue et reconnue par les plus éminents dans le domaine, elle a petit à petit fait reculer les ronces, les taillis, les mauvaises herbes, pour les remplacer par des plantes venues du monde entier, minutieusement sélectionnées pour survivre dans ce vallon normand sans protections particulières, mais aussi pour s'y intégrer, sans rupture avec les paysages environnants.

Five years after the publication of Princess Greta Sturdza's second book, *Le Vasterival: the four-season garden,* I am honoured to present this collection of photographs of Vasterival, not only in homage to her work and to 50 years of passion, but also to look back with admiration at the past year, and to express my confidence in Vasterival's future.
In fact, this set of completely new images, by Gilles and Joëlle Le Scanff-Mayer, was created during 2010, the garden's first year of existence without its creator. These photographers, who know Vasterival well, wanted to convey, through their choice of viewpoints – some classic, others new and unexpected – the familiar charms of each season in this garden. But they also reveal how the most recent areas have evolved, as well as showing the important thinning-out work done during this year in the older parts. These insights are as fascinating as they are magical.
To have transformed a wooded valley into a botanical and horticultural paradise – this was the skill of Princess Sturdza. Known and acknowledged by the most eminent botanists and gardeners, she gradually pushed back the brambles, thickets and weeds and replaced them with plants from around the world, carefully selected to survive without any special protection in this Norman valley, while also integrating it seamlessly into the surrounding landscape.
Thus, over time, she gathered almost 10,000 plant species into an ensemble that is coherent and harmonious in all seasons. Much more than a work of art,

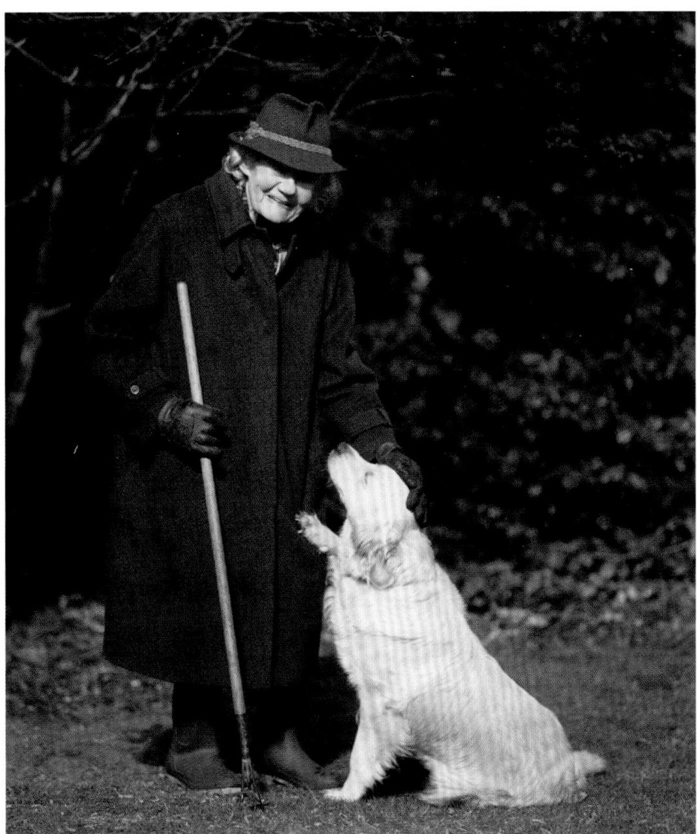

La Princesse Greta Sturdza, accompagnée de son inséparable Prisca.
Princess Greta Sturdza with her inseparable Prisca.

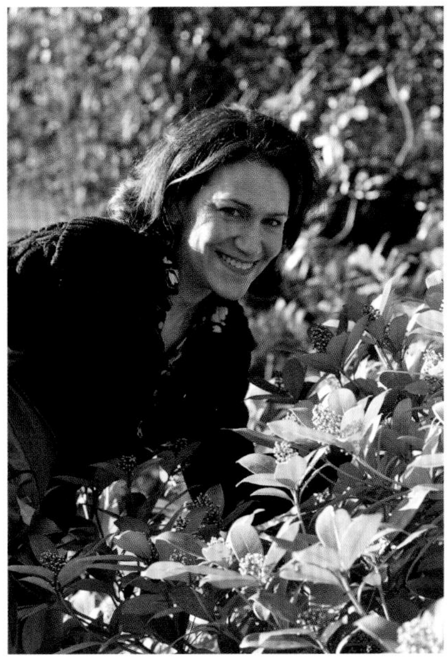

La Princesse Irène Sturdza.
Princess Irène Sturdza.

Ainsi, au fil du temps, elle a patiemment assemblé près 10 000 espèces de plantes en un ensemble cohérent et harmonieux en toutes saisons. Bien plus qu'une œuvre d'art, ce jardin émeut par ses scènes et ses ambiances variées qui guident le regard, la richesse de ses collections, l'harmonie qui y règne, l'énergie et la paix qui en émanent. Personnalité hors du commun, d'un enthousiasme et d'une volonté exemplaires, d'une élégance raffinée, dotée d'un sens pointu du détail et de l'esthétique, la Princesse Sturdza nous a légué un monument horticole que je me charge aujourd'hui de pérenniser et de faire évoluer avec le soutien inestimable de l'équipe de professionnels jardiniers

this garden creates, by the varied atmospheric scenes that guide the eye through the riches of its plant collections, a prevailing harmony; it radiates an energy and peace. Princess Sturdza, an extraordinary personality, possessed an exemplary enthusiasm and determination, an understated elegance, and combined an acute grasp of detail with a refined aesthetic sense. She has left us a horticultural monument that today I undertake to sustain and move forward, with the invaluable support of the team of dedicated, professional gardeners that she herself carefully selected and trained. Continuity and evolution, these are

dévoués qu'elle a soigneusement sélectionnés et formés. Pérennité et évolution, tels sont nos objectifs : « pérennité » par amour de la nature et de la biodiversité et pour l'enseignement au profit des générations futures, et « évolution », car un jardin est une œuvre vivante qui doit se transformer au gré de son développement. En effet, la Princesse n'hésitait pas longtemps à éliminer des plantes peu méritantes ou peu performantes. Sa formation autodidacte, acquise par une observation aiguë de la végétation naturelle des bois et des forêts, lui avait permis de comprendre, avant la plupart de ses contemporains, qu'il était vain de vouloir figer la végétation d'un jardin, mais bien plus astucieux d'accompagner son évolution naturelle.

Ce livre marque donc une étape importante dans la vie de ce jardin. D'une part, c'est un condensé de 50 ans de travail et de passion ; il témoigne de la beauté réelle du lieu tel que nous avons pu le connaître jusqu'ici. Et d'autre part, il atteste de l'évolution constante, nécessaire et inévitable du jardin que nous nous efforçons d'élaborer et de façonner, toujours dans le respect des caractéristiques établies par sa créatrice (la transparence, l'harmonie des couleurs, l'importance du détail). Je pense qu'il matérialise l'esprit du Vasterival auquel nous tenons tant pour transmettre à nos visiteurs la passion des plantes, lien premier vers le respect et la préservation de la nature et de sa biodiversité.

our goals: "continuity" for the sake of nature and biodiversity, and to benefit future generations through education, and "evolution" because a garden is a living entity that must inevitably change as it develops. Indeed, the Princess never hesitated to eliminate any plants that proved unworthy or performed poorly.

Her self-taught skills, gained by keen observation of the natural vegetation of woods and forests, allowed her to understand, long before most of her contemporaries, that it was futile to try to "freeze", or fix, a garden's growth at a point in time, but far wiser to go along with its natural evolution.

This book, therefore, marks a milestone in the life of this garden. On the one hand, it is a summary of 50 years of passionate work; it testifies to the true beauty of this place as we have known it until now. On the other, it reflects the constant, unceasing and inevitable evolution of the garden as we strive to develop and shape it, while respecting the principles, established by its creator, of "transparency", harmonious colour and the importance of detail. I believe that it captures the spirit of our cherished Vasterival, giving our visitors a passion for plants, a first step towards respecting and preserving nature and its biodiversity.

Princesse Irène Sturdza

Princess Irène Sturdza

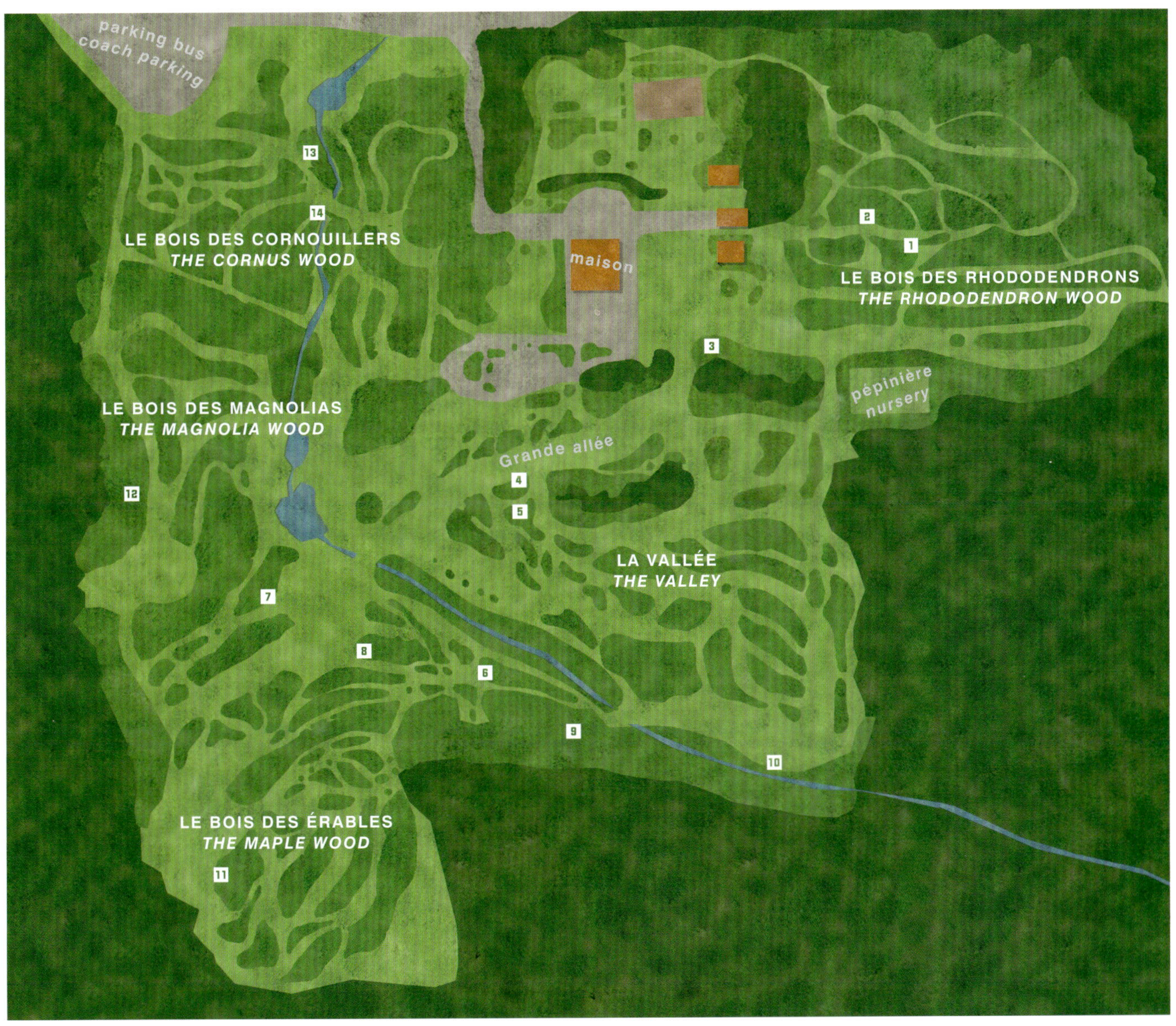

1 *Rhododendron* x *halopeanum* (p. 49)
2 *Acer palmatum* 'Sango-kaku' (p. 52)
3 *Magnolia* x *loebneri* (pp. 28-29)
4 *Acer palmatum* 'Ōsakazuki' (pp. 76-77, 80-81)
5 *Betula nigra* (p. 91)
6 *Cornus controversa* 'Variegata'
7 *Hamamelis* 'Diane' (p. 20)
8 *Prunus* 'Taï Haku' (pp. 38, 44)
9 Rhododendrons 'Cynthia, dans la vallée / in the valley (pp. 46-47)
10 Ruisseau / stream : *Gunnera, Astilbe,* etc. (pp. 60-61)
11 *Hydrangea macrophylla* 'Blanc-Bleu Vasterival' (pp. 68-69)
12 Talus des hellébores / bank of hellebores (pp. 42-43)
13 Hellébores jaunes (p. 26)
14 *Hydrangea paniculata* GREAT STAR 'Le Vasterival' (p. 64)

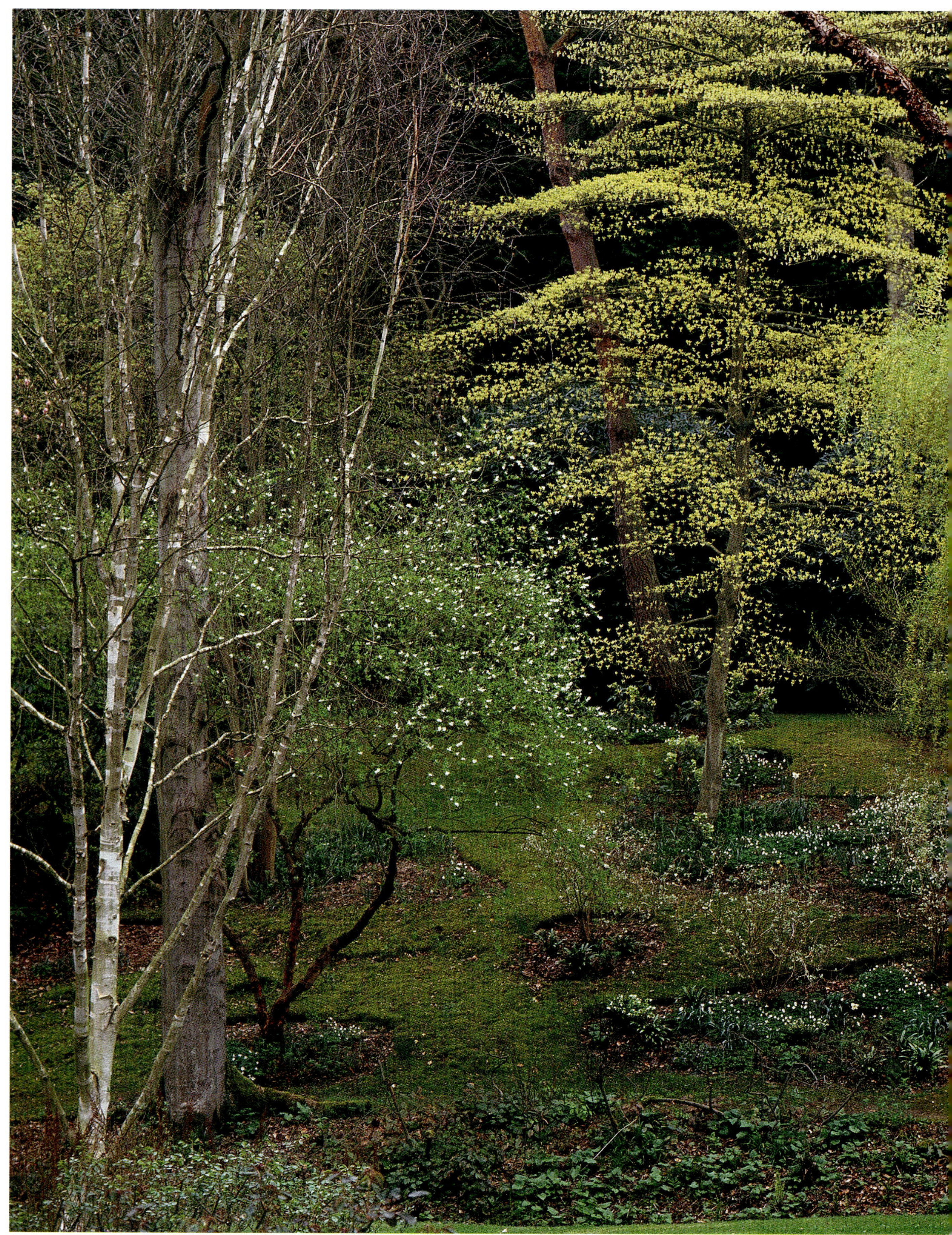

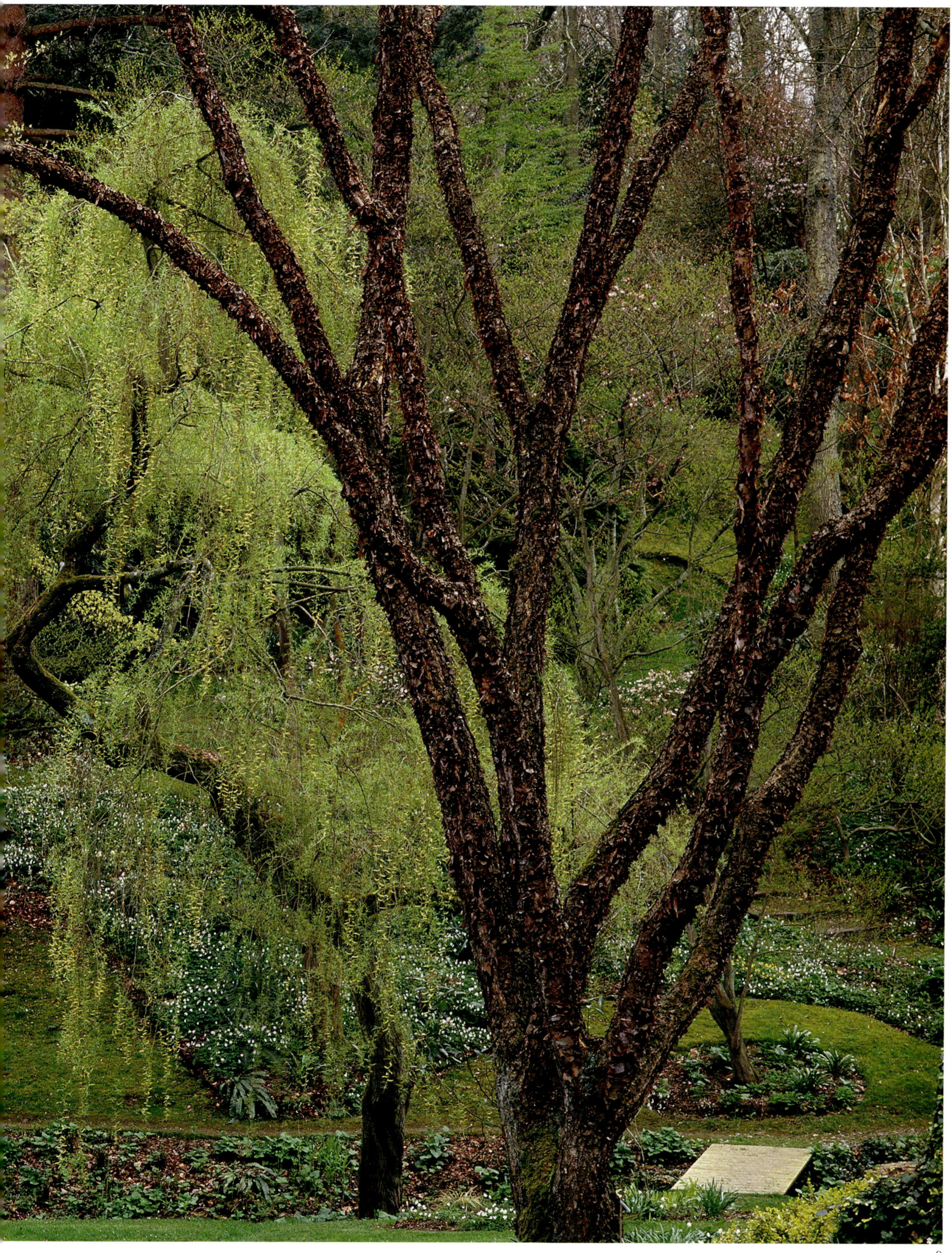

→ L'HIVER

Cette saison est loin d'être la plus triste au Vasterival. Égayée des graphismes et des couleurs des arbres, elle connaît aussi de nombreuses floraisons dès les mois de décembre et de janvier.
Et en février, les parfums s'invitent avec la même générosité et nous surprennent par leur force et leur volupté.

WINTER

The saddest season? Not at le Vasterival. Amid the colours and striking patterns of tree branches, numerous flowers open during December and January, and in February, perfumes fill the air just as generously, surprising us with their strength and sensuality.

DOUBLE-PAGE PRÉCÉDENTE

À l'approche du printemps, la silhouette étagée du cornouiller des Pagodes (*Cornus controversa* 'Variegata') contraste avec la forme pleureuse du saule pleureur (*Salix alba* 'Tristis') et celle élancée du bouleau noir (*Betula nigra*).

PREVIOUS DOUBLE-PAGE SPREAD

As spring approaches, the tiered silhouette of a wedding-cake tree (*Cornus controversa* 'Variegata') contrasts with the drooping branches of a weeping willow (*Salix alba* 'Tristis') and the slender black birch (*Betula nigra*).

CI-CONTRE

Les jeux d'écorces entre les branches claires de l'érable à peau de serpent (*Acer tegmentosum*), du bouleau de Chine (*Betula albosinensis* 'Princess Sturdza') et un jeune bouleau noir (*Betula nigra*).

OPPOSITE

An interplay of contrasting bark colours and textures: pale snakebark maple (*Acer tegmentosum*), a Chinese birch (*Betula albosinensis* 'Princess Sturdza') and a young black birch (*Betula nigra*).

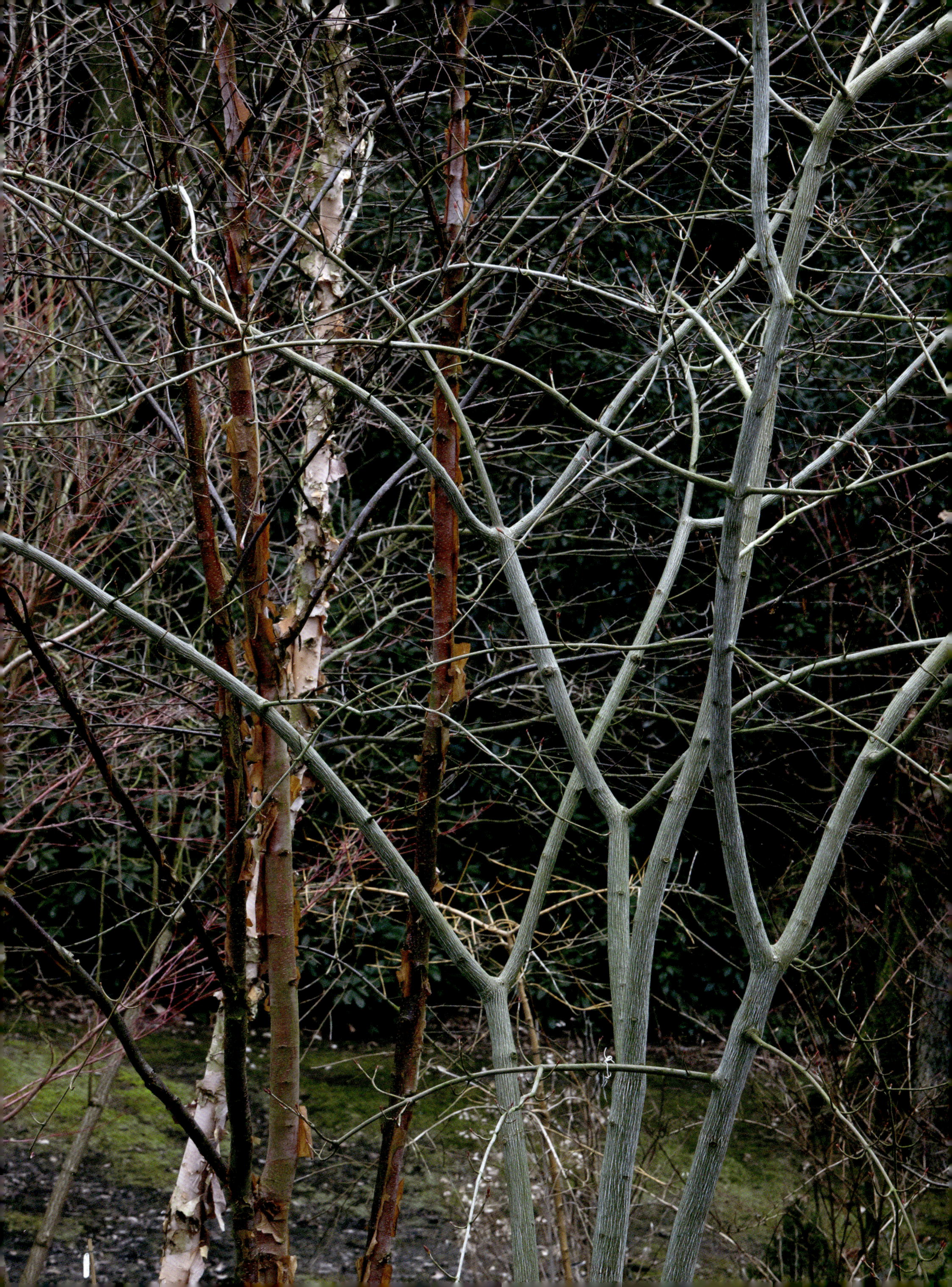

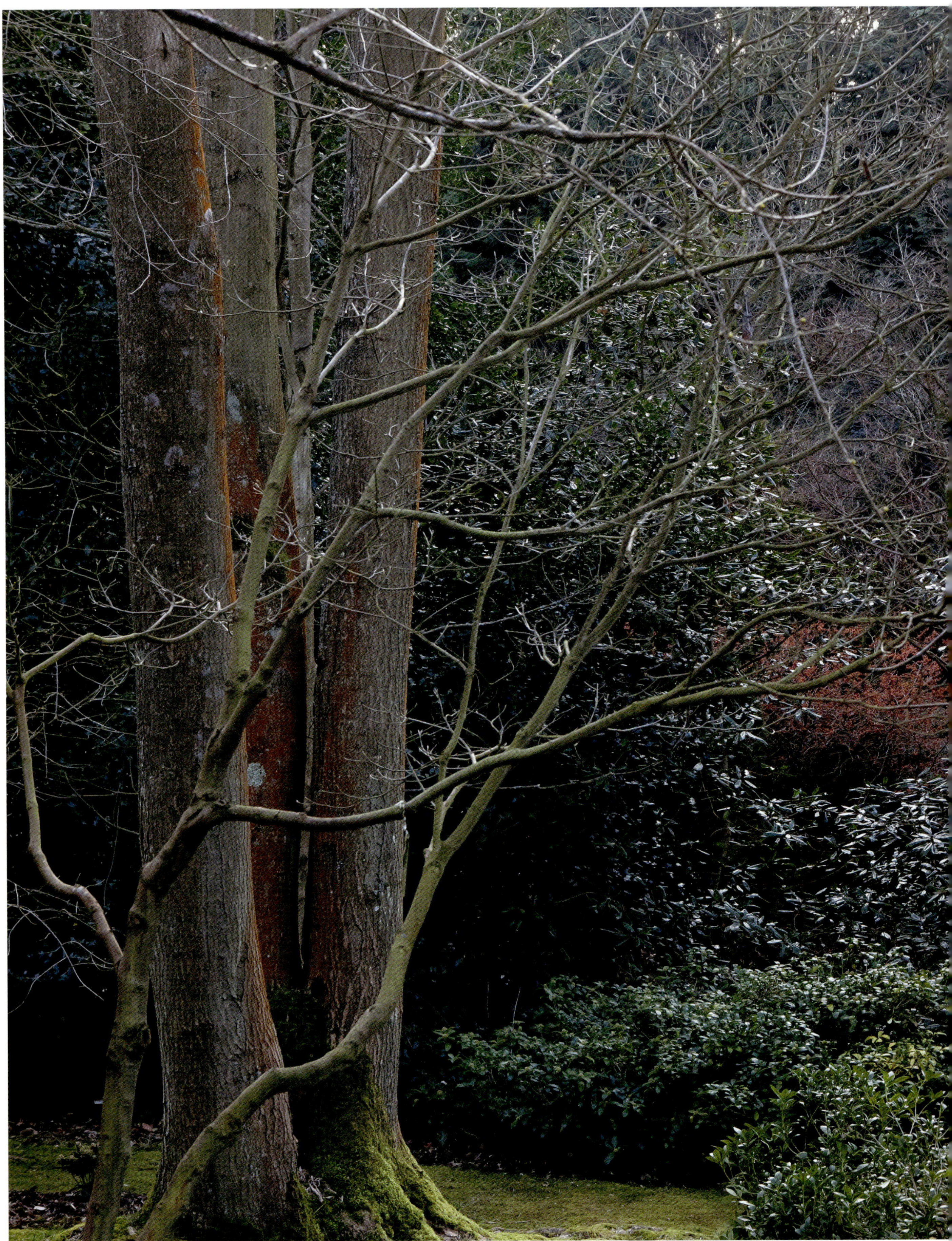

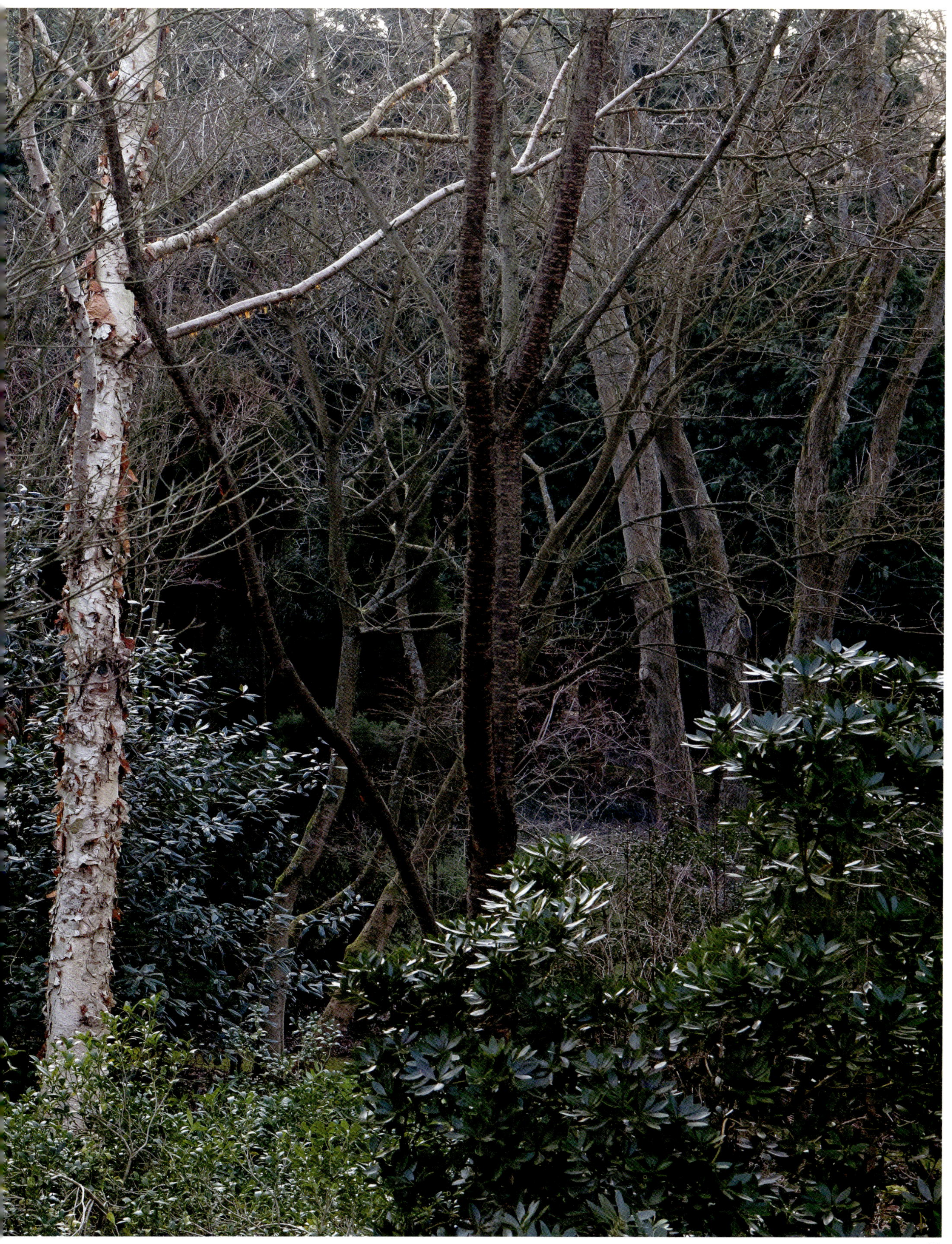

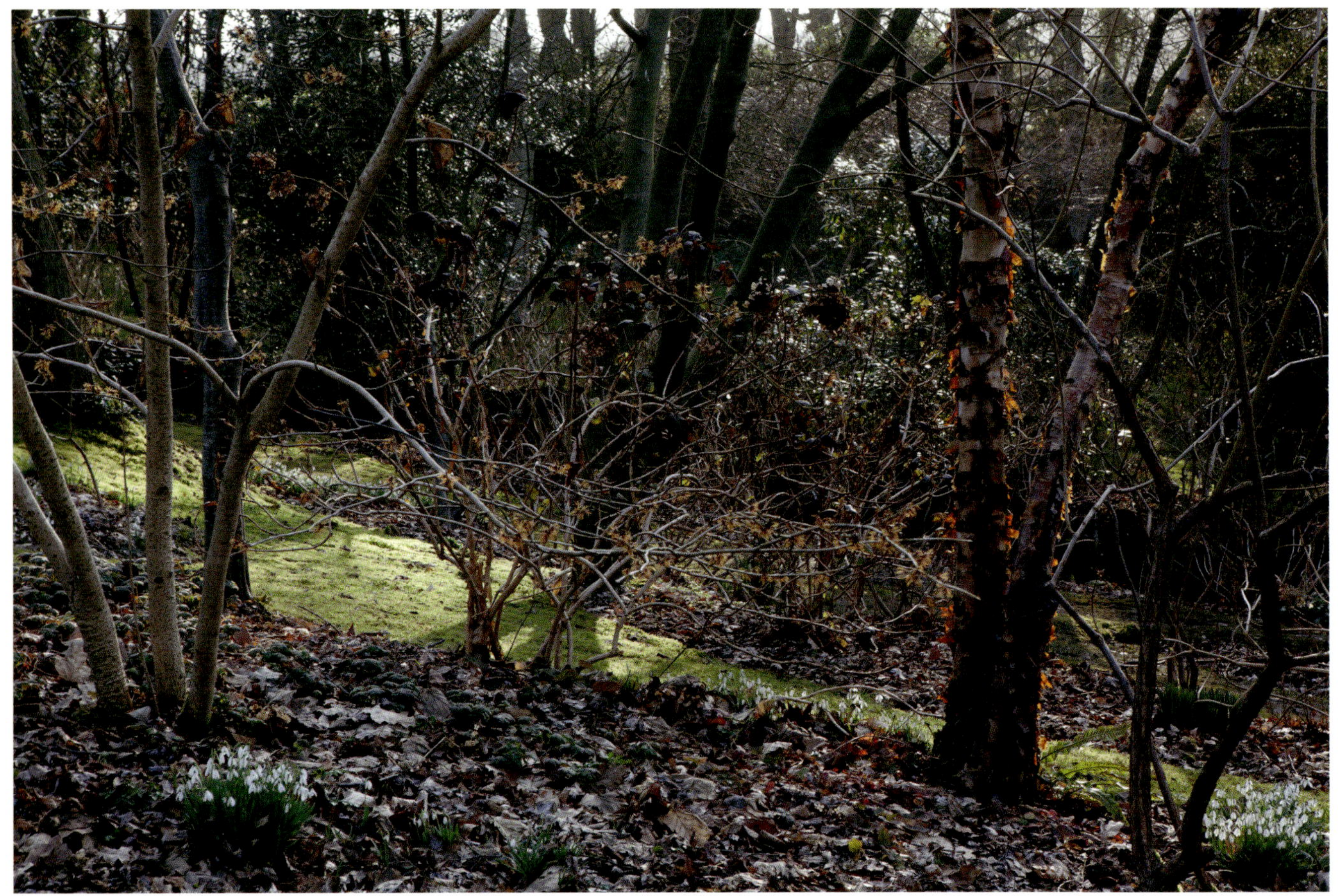

Les premiers soleils de janvier illuminent les écorces qui se desquament (*Betula nigra*) et les têtes séchées des hortensias à feuilles de chêne (*Hydrangea quercifolia*).

The first sunshine of January lights up the flaking bark of *Betula nigra* and the dry flowerheads of *Hydrangea quercifolia*, oak-leaved hydrangea.

DOUBLE-PAGE PRÉCÉDENTE

L'hiver permet d'observer le graphisme des arbres, les nuances des écorces (au milieu : *Betula costata*), et la diversité des feuillages persistants.

PREVIOUS DOUBLE-PAGE SPREAD

Winter allows us to admire the intricate structure of trees, the subtleties of bark (*Betula costata*, centre), and the diversity of evergreen foliage.

CI-CONTRE

Très vite, les perce-neige constituent de vastes tapis, dont la blancheur rivalise avec celles des bouleaux de l'Himalaya (*Betula utilis* var. *jacquemontii*).

OPPOSITE

Snowdrops rapidly make wide carpets, their whiteness rivalling that of the trunks and branches of the Himalayan birches (*Betula utilis* var. *jacquemontii*).

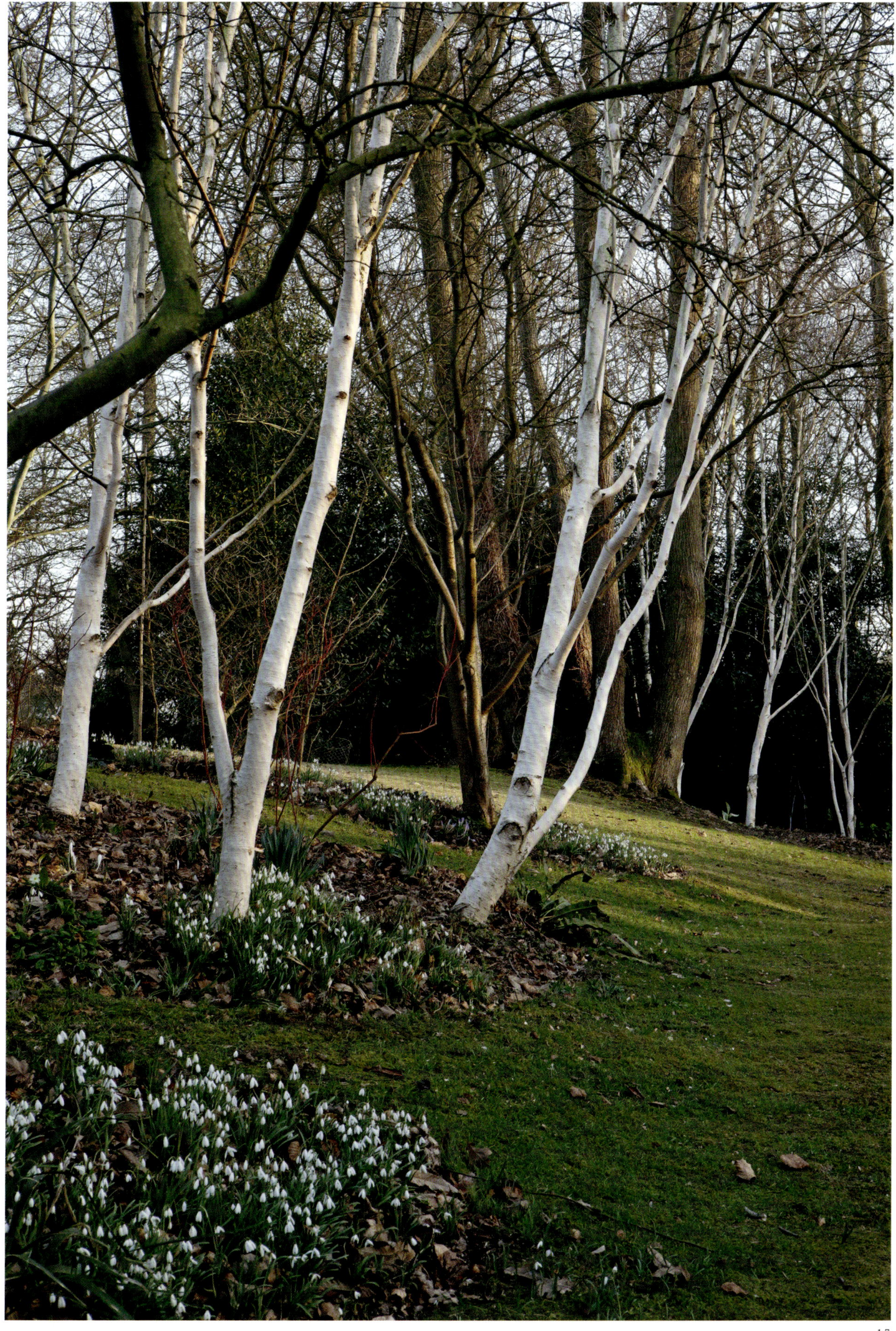

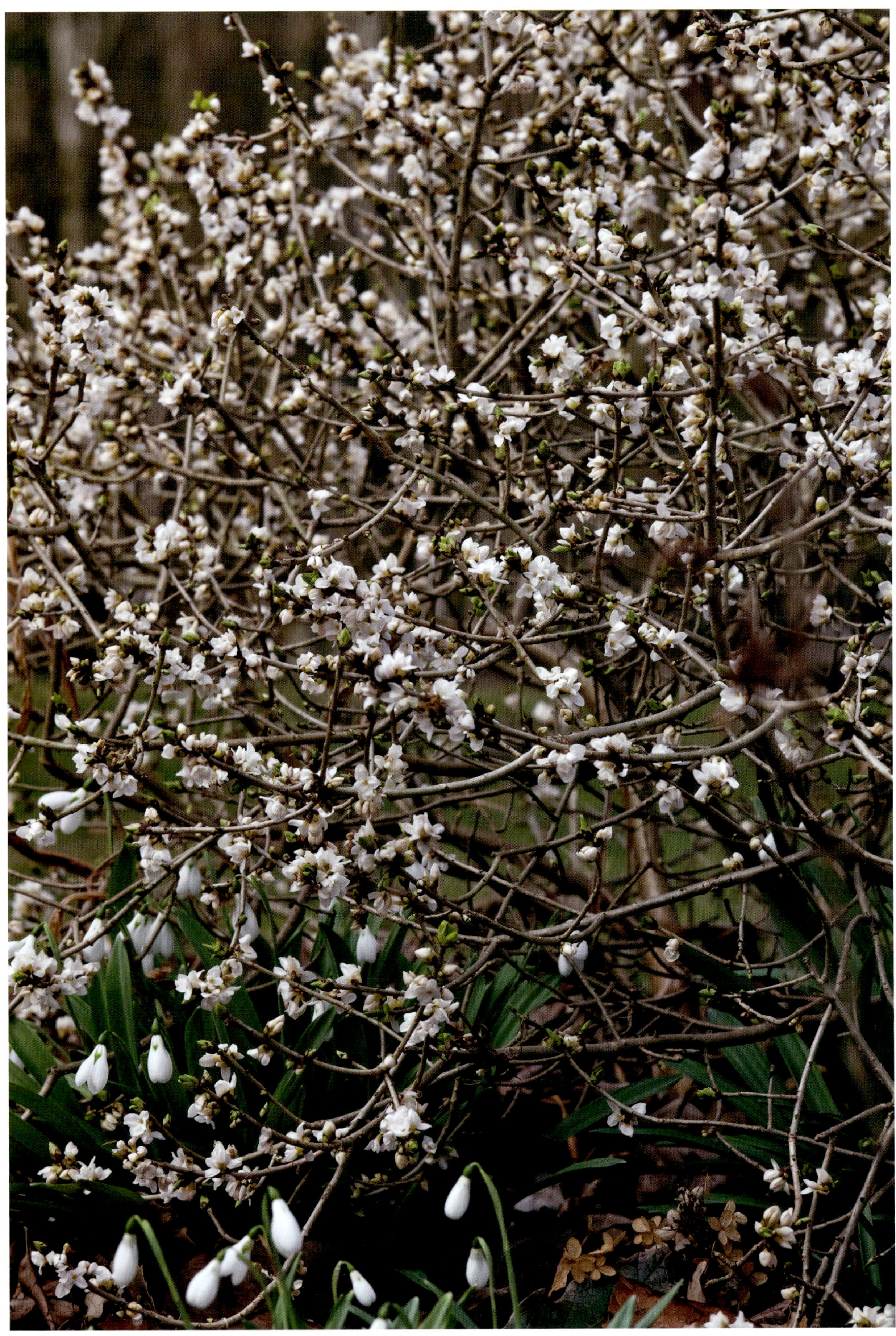

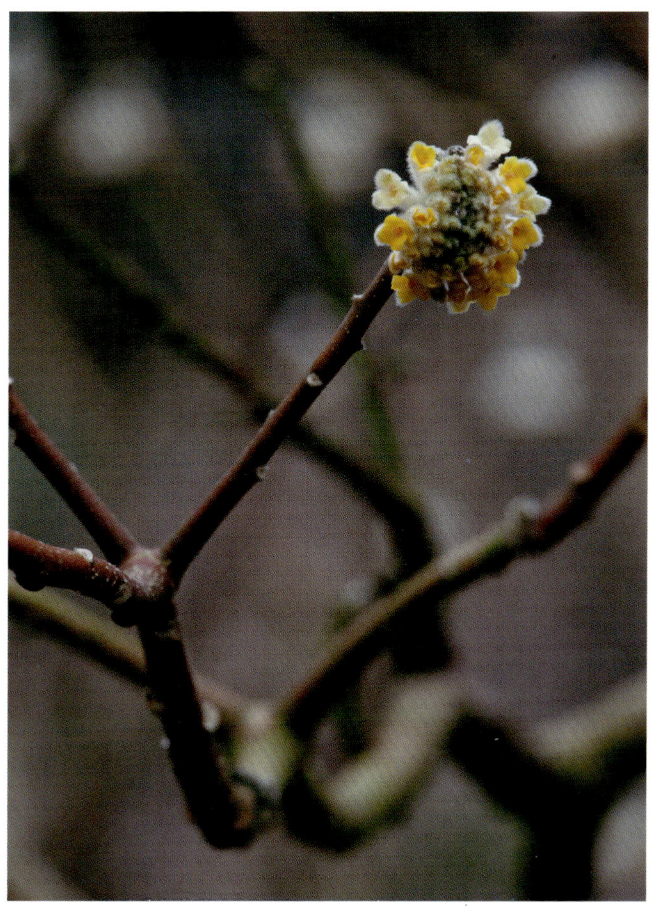

Les boules de fleurs de l'*Edgeworthia chrysantha* embaument et rappellent à la fois le chèvrefeuille, le jasmin et la fleur d'oranger.

The rounded flowerheads of *Edgeworthia chrysantha* have a fragrance that suggests a blend of honeysuckle, jasmine and orange blossom.

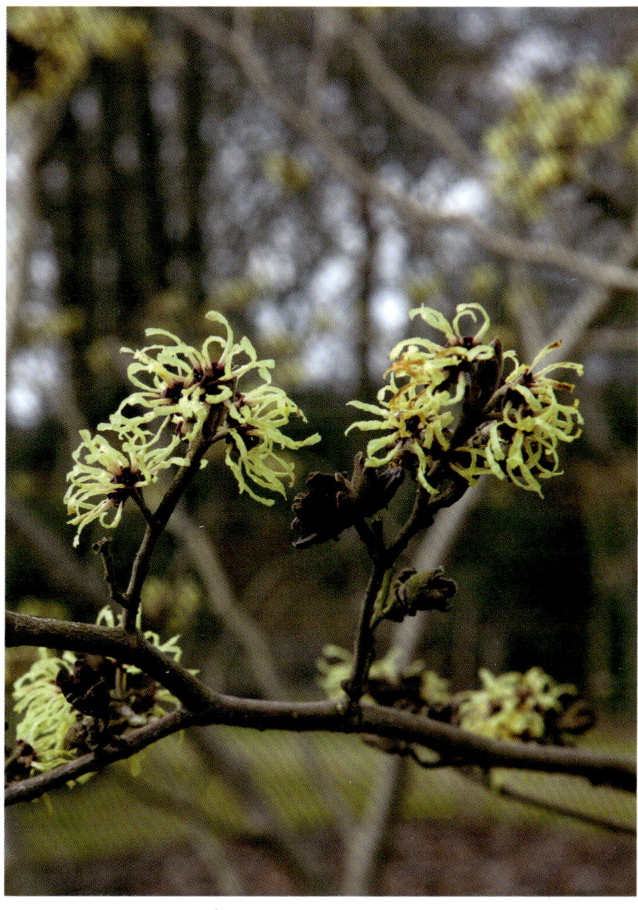

Certains hamamelis (*H.* x *intermedia* 'Pallida') émettent un délicieux parfum de miel, surtout perceptible les jours de beau temps.

Some witch hazels (here, *Hamamelis* x *intermedia* 'Pallida') give off a delicious scent of honey that is particularly noticeable on fine days.

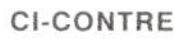

CI-CONTRE

Le parfum très fort du daphné blanc (*Daphne mezereum* 'Album') se perçoit à plusieurs mètres. Sa couleur est aussi pure que celle du perce-neige à son pied.

OPPOSITE

The strong perfume of this white daphne (*Daphne mezereum* 'Album') can be detected several yards away. Its colour is as pure as that of the snowdrops below.

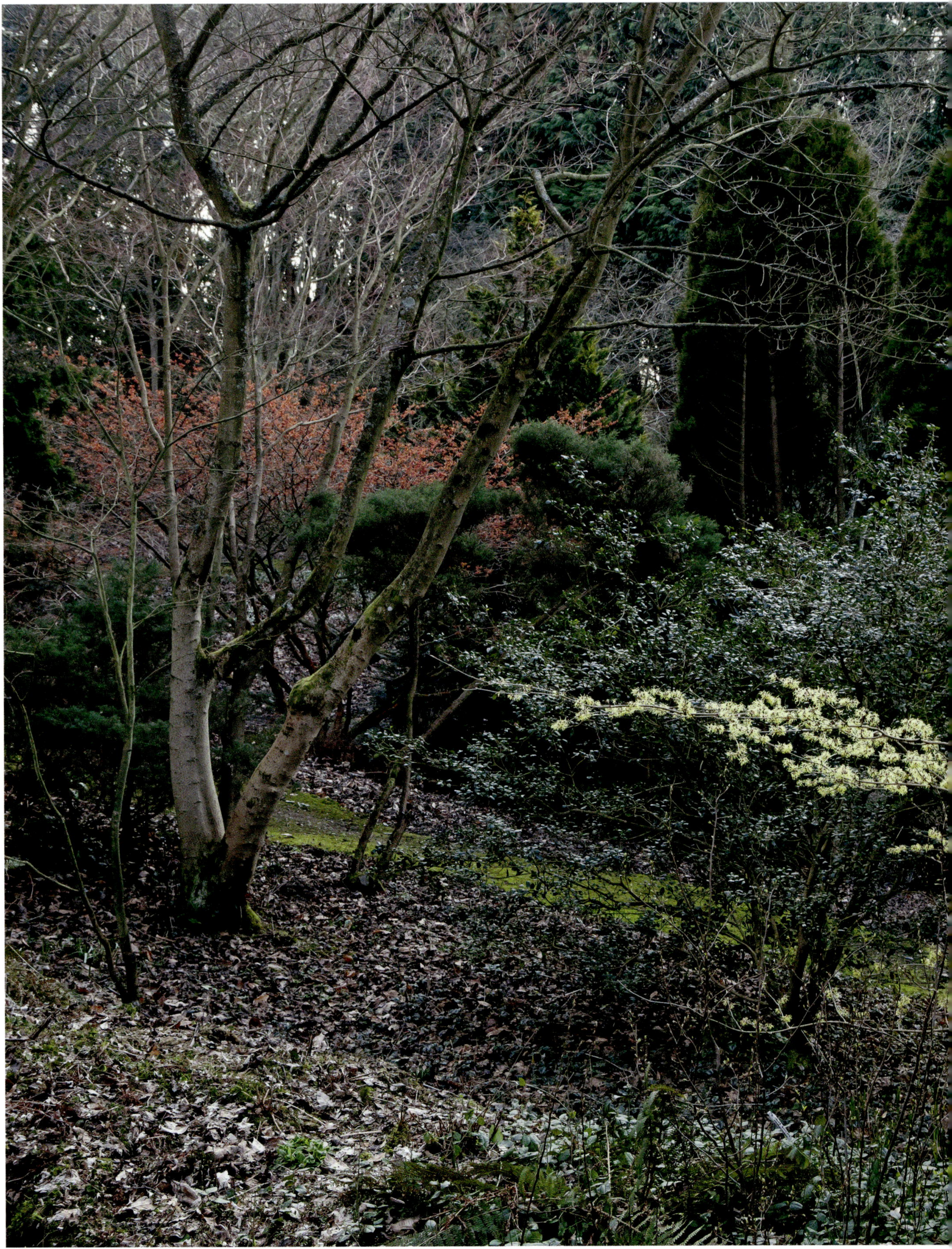

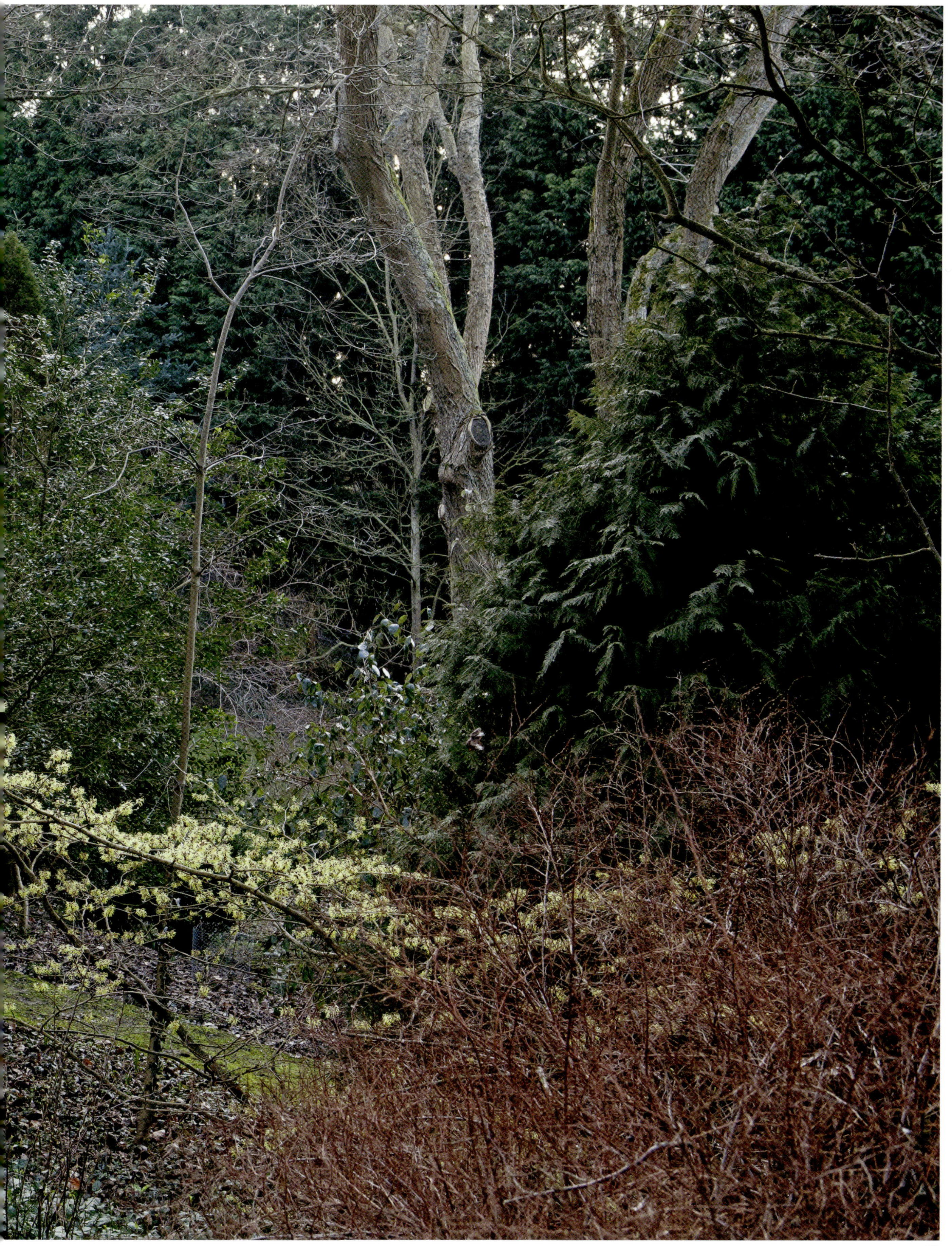

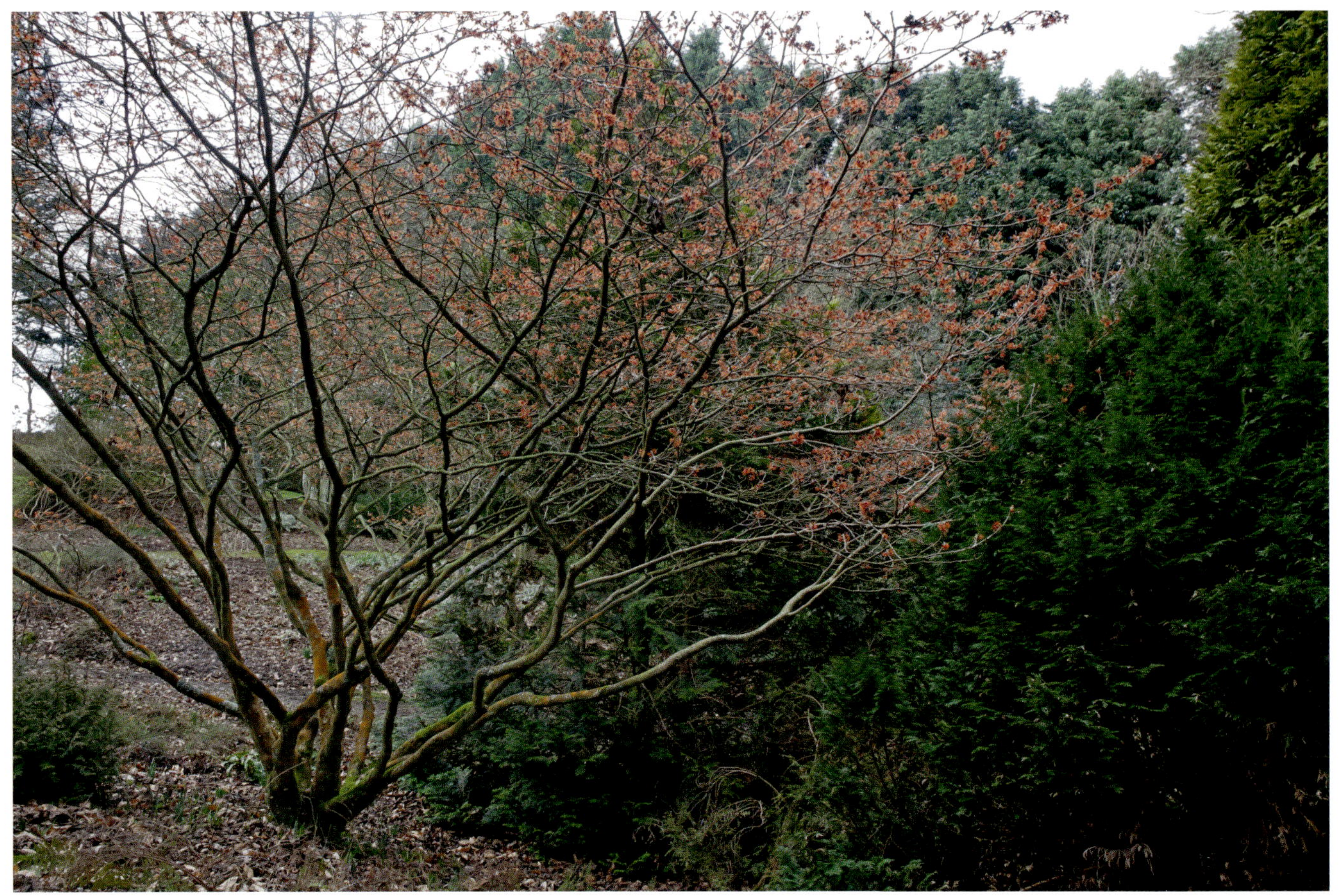

'Diane' est l'un des plus grands hamamélis du jardin, qui atteint plus de 4 m d'envergure. Il est serti d'un écrin de conifères.

Set against a backdrop of conifers, 'Diane' is one of the largest hamamelis (witch hazels) in the garden, spanning more than 4m.

DOUBLE-PAGE PRÉCÉDENTE

Les hamamélis apportent les premières fleurs et les premières couleurs vives en février : l'orange s'appelle 'Diane', le jaune 'Primavera'.

PREVIOUS DOUBLE-PAGE SPREAD

Witch hazels bring the first flowers, and the first bright colours, in February: the orange one is 'Diane', the yellow, 'Primavera'.

CI-CONTRE

Il est important de placer les hamamélis (ici : 'Pallida') auprès des allées pour observer et sentir leurs fleurs de plus près.

OPPOSITE

It is important to place hamamelis (here, 'Pallida') close by the paths so their flowers can been seen – and smelled – more easily.

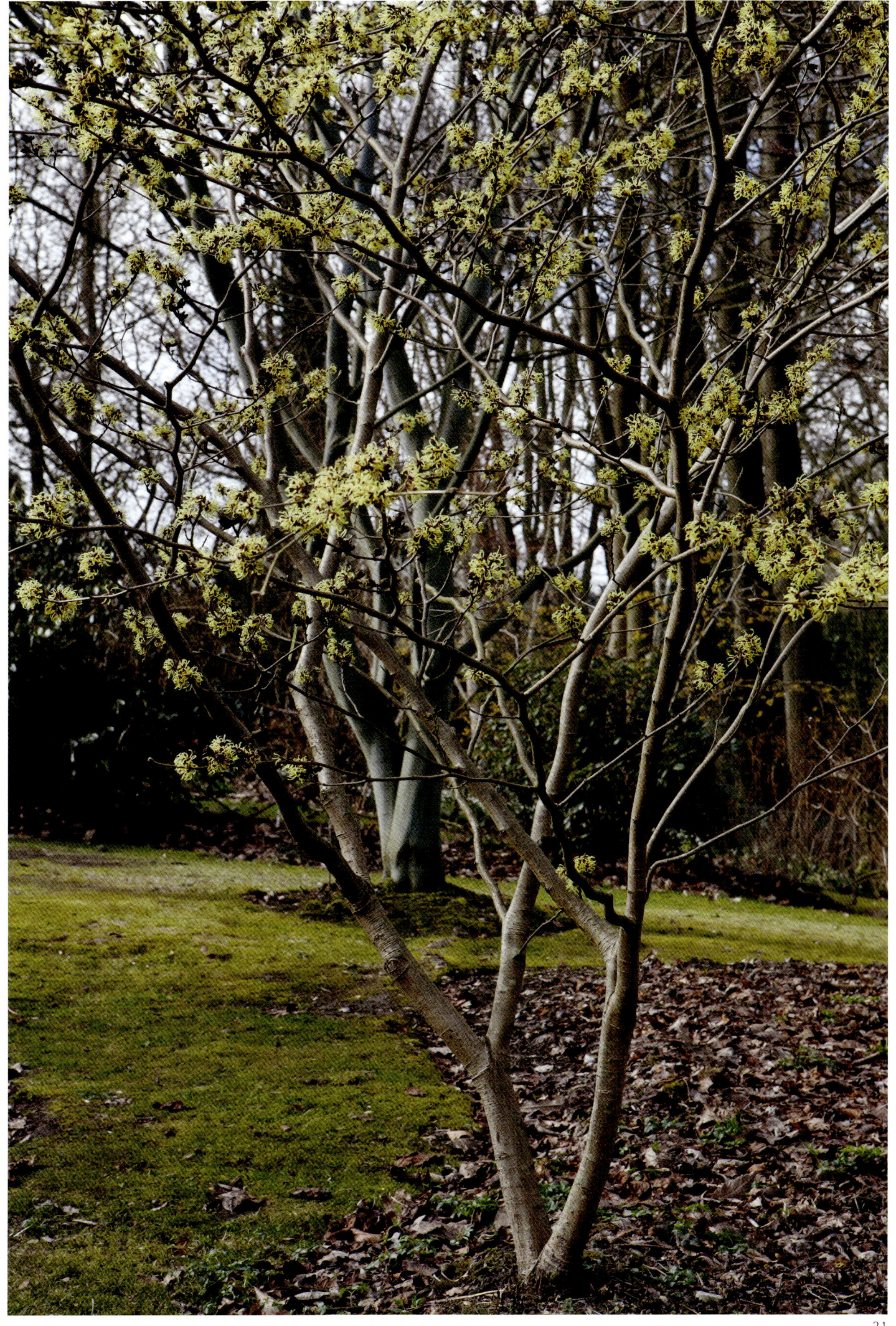

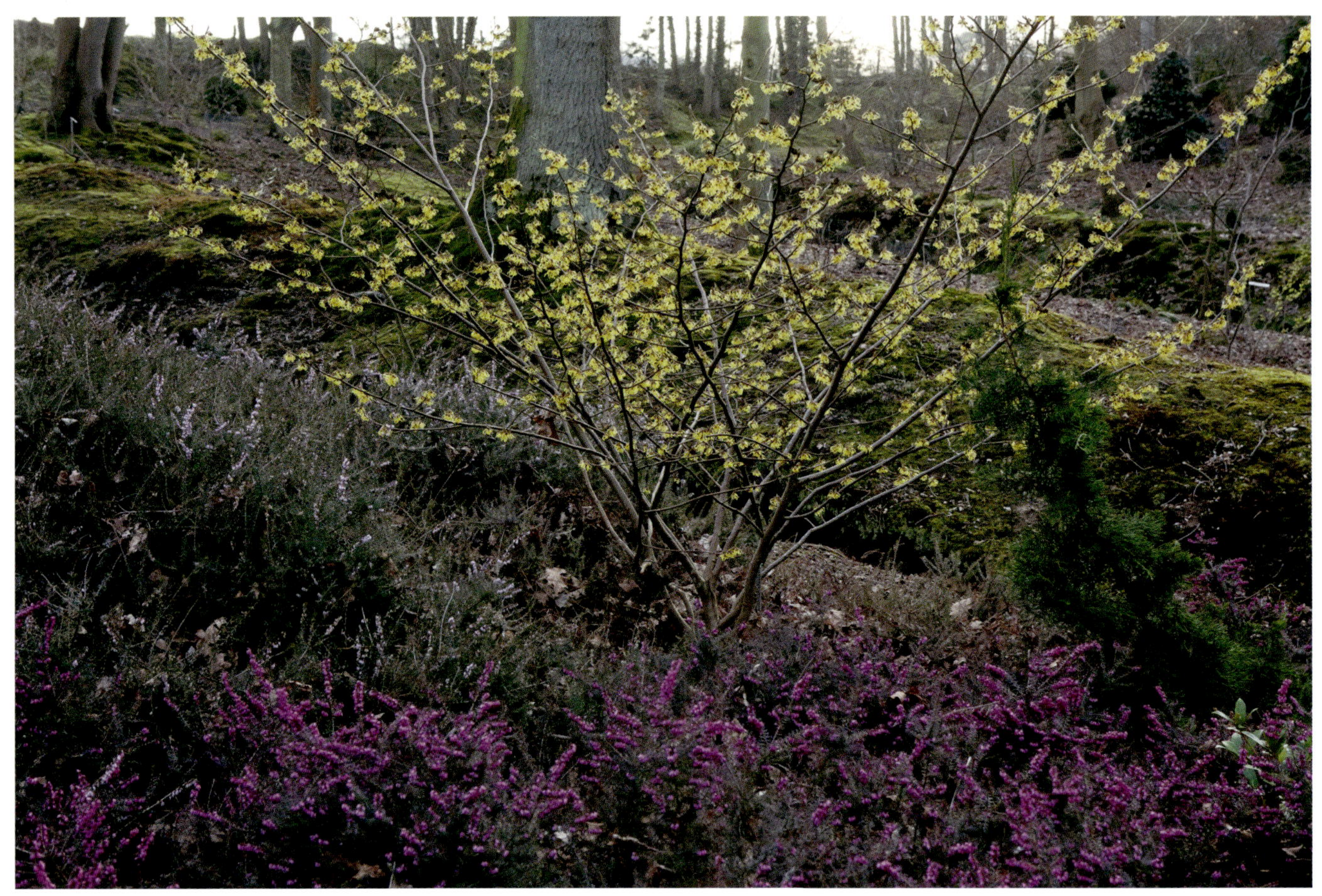

Les bruyères d'hiver (*Erica carnea* et *Erica* x *darleyensis*) sont les meilleures compagnes des hamamélis. Ils se valorisent l'un l'autre.

Winter-flowering heathers (*Erica carnea* and *E.* x *darleyensis*) are perfect companions for hamamelis, each enhancing the other.

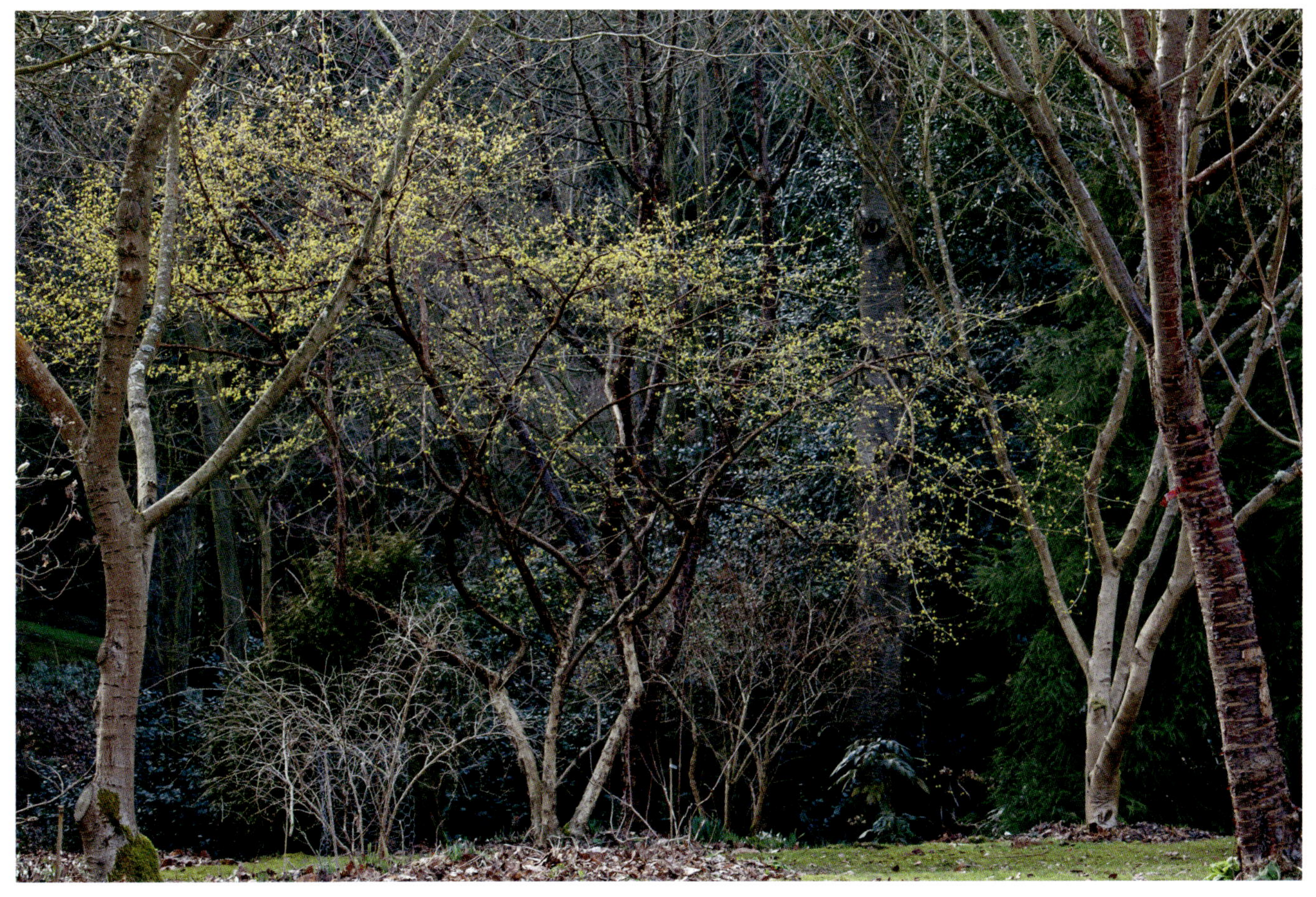

Le cornouiller officinal (*Cornus officinalis*) est aussi remarquable que des hamamélis, mais il est capable de pousser en terre calcaire.

Japanese dogwood, *Cornus officinalis*, is just as spectacular as the witch hazels, but unlike them it can be grown on chalky soils.

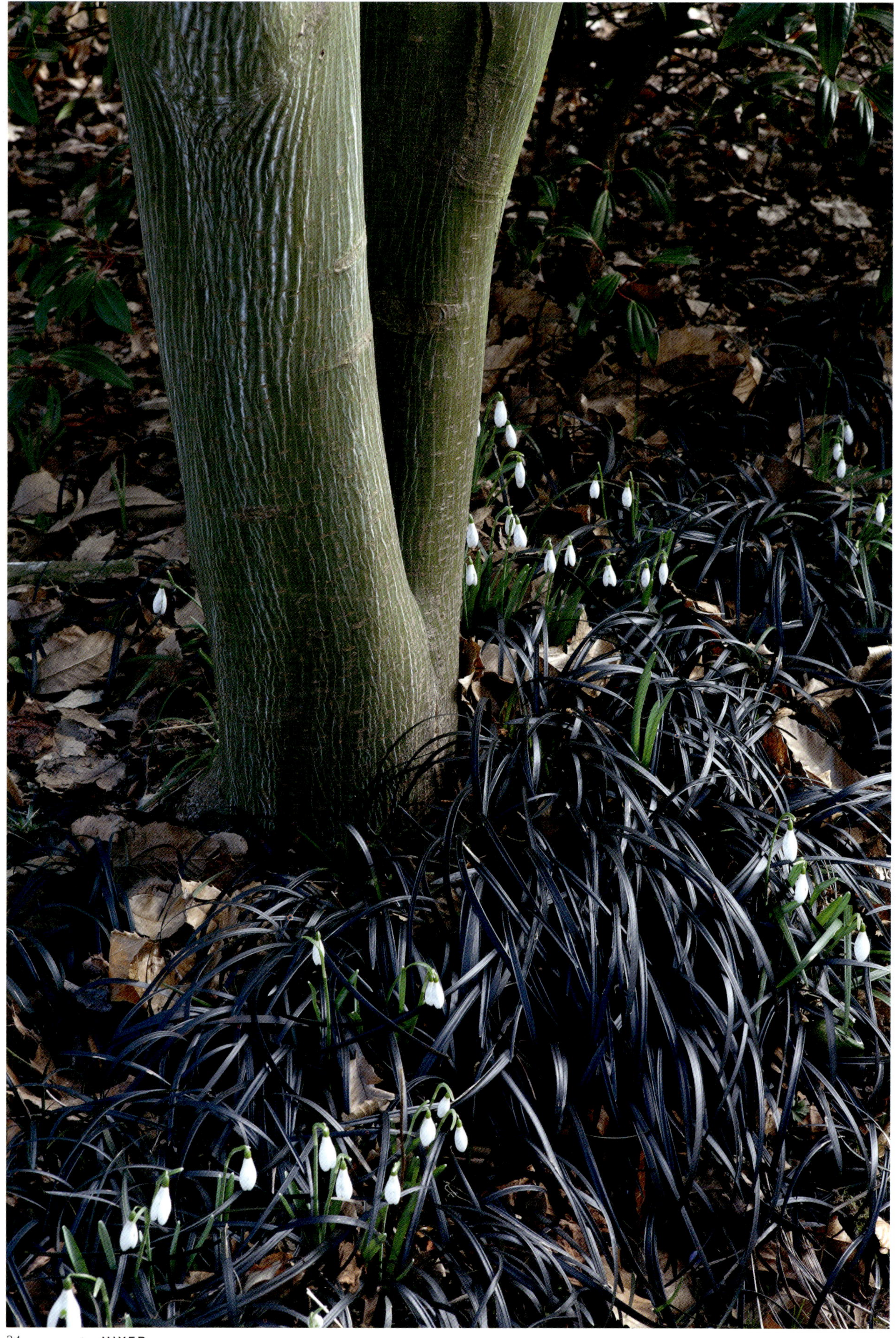

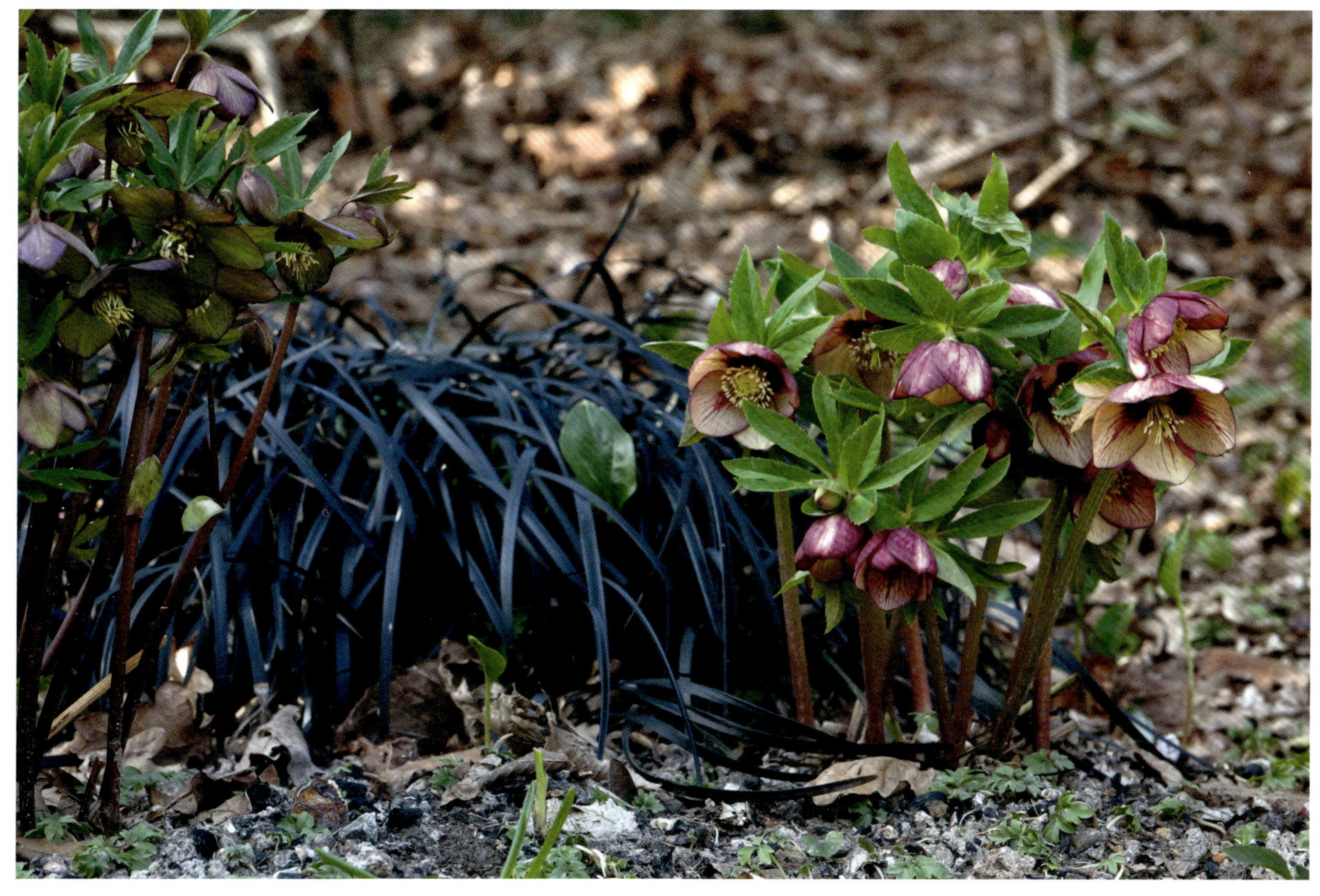

C'est aussi un excellent faire-valoir pour les hellébores d'Orient (*Helleborus* x *hybridus*), dès qu'elles sortent de terre fin février.

Black mondo also makes an excellent foil for oriental hellebores (*Helleborus* x *hybridus*) when they emerge at the end of February.

CI-CONTRE

Les couvre-sol persistants valorisent les écorces et les bulbes précoces. Peu égalent l'ophiopogon noir (*Ophiopogon planiscapus* 'Nigrescens') dans ce rôle.

OPPOSITE

Evergreen ground-cover plants enhance the colours of bark and early bulbs. Few can equal black mondo (*Ophiopogon planiscapus* 'Nigrescens') in this role.

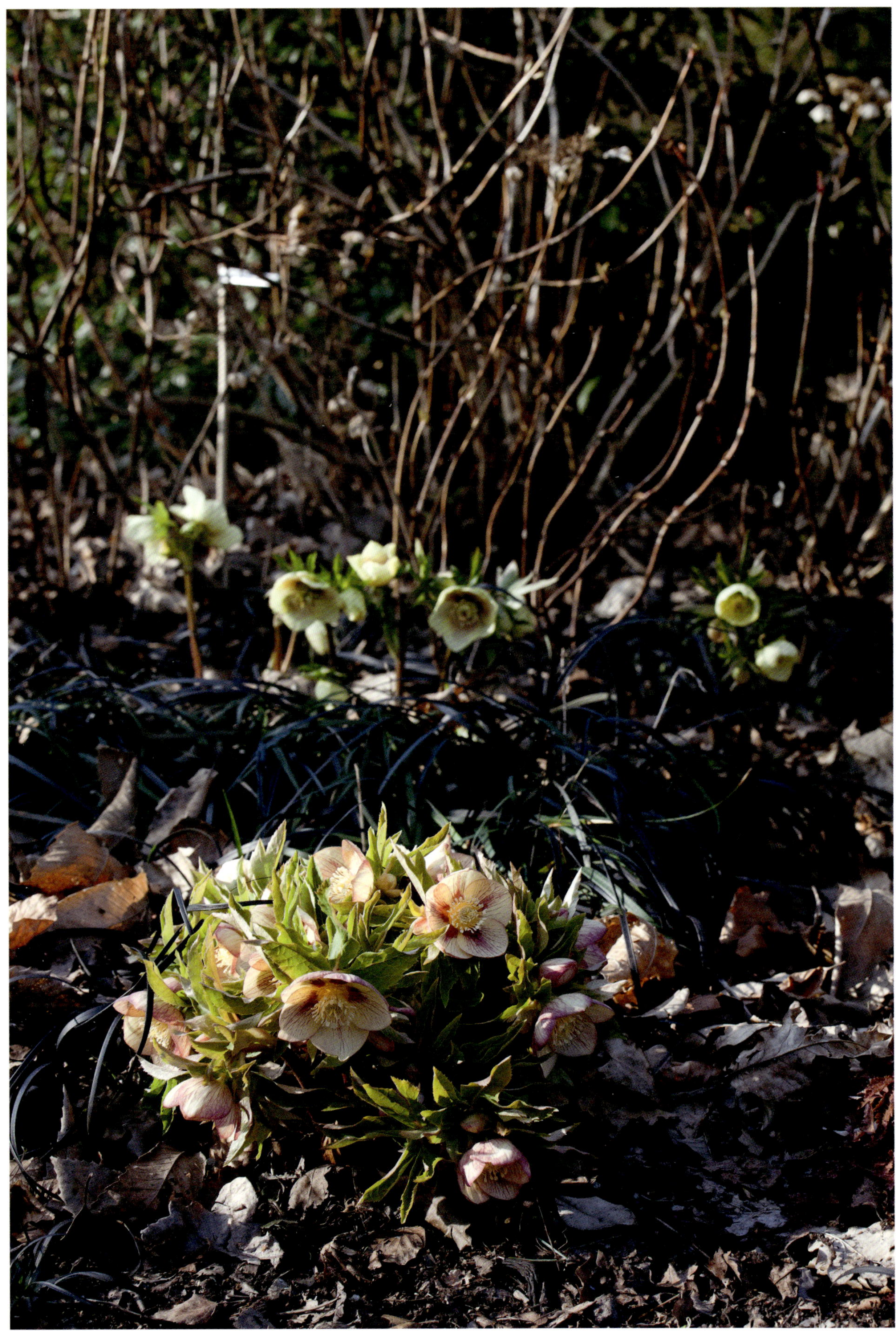

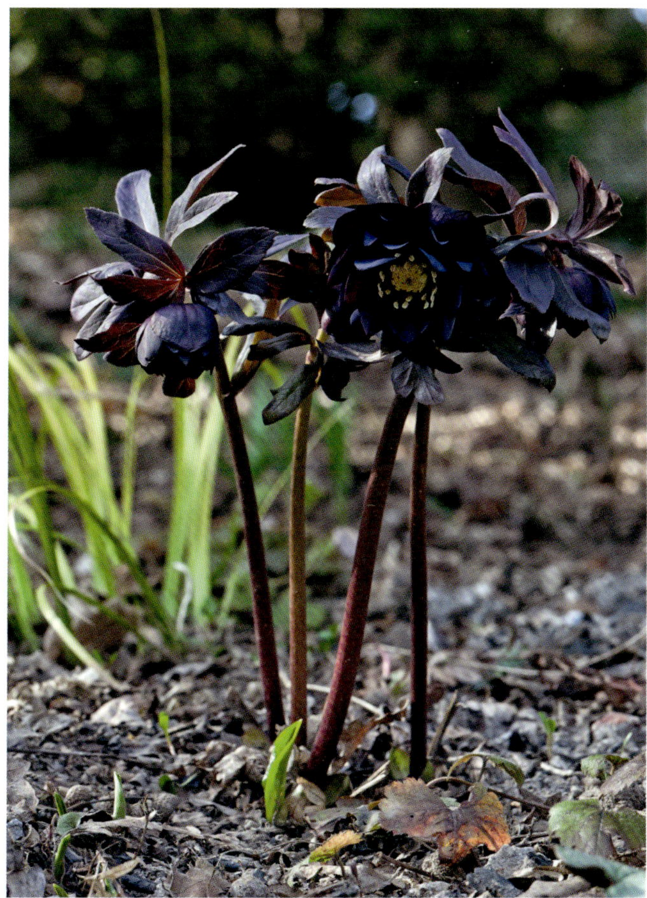

Étonnante et fascinante, l'héllébore à fleurs doubles noires est une merveille dont il faut s'approcher pour en percevoir les nuances.

Ravishingly fascinating, the double-flowered black hellebore is a marvel best seen at close quarters to be fully appreciated.

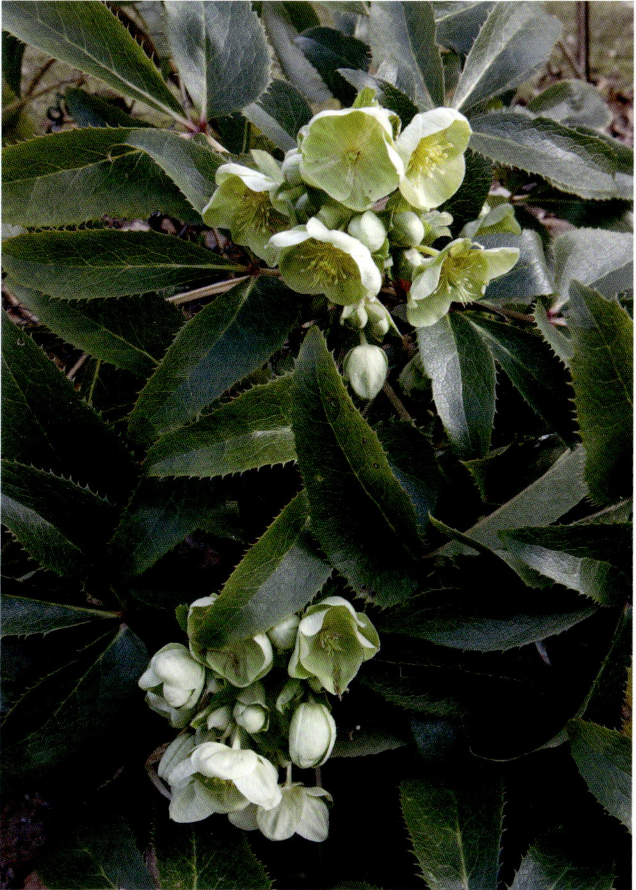

Favorite du jardin, l'hellébore de Corse (*H. argutifolus*) se ressème dans les endroits les plus secs et fleurit de janvier à juin.

A garden favourite, Corsican hellebore (*Helleborus argutifolius*) sows itself in the driest spots and flowers from January to June.

CI-CONTRE

Les nouvelles obtentions d'hellébores apportent des teintes chaudes et nuancées, aussi attrayantes de loin que de près.

OPPOSITE

Recently-bred hellebore hybrids introduce hot but subtle colours, as attractive at a distance as they are nearby.

DOUBLE-PAGE SUIVANTE

Ce n'est déjà plus l'hiver et pas encore tout à fait le printemps : le grand magnolia (*M.* x *loebneri*) de la grande pelouse, à l'entrée du jardin, préfigure le festival à venir.

FOLLOWING DOUBLE-PAGE SPREAD

It is no longer winter, but not yet quite spring: the large magnolia (*M.* x *loebneri*) on the big lawn at the entrance to the garden foretells the festival to come.

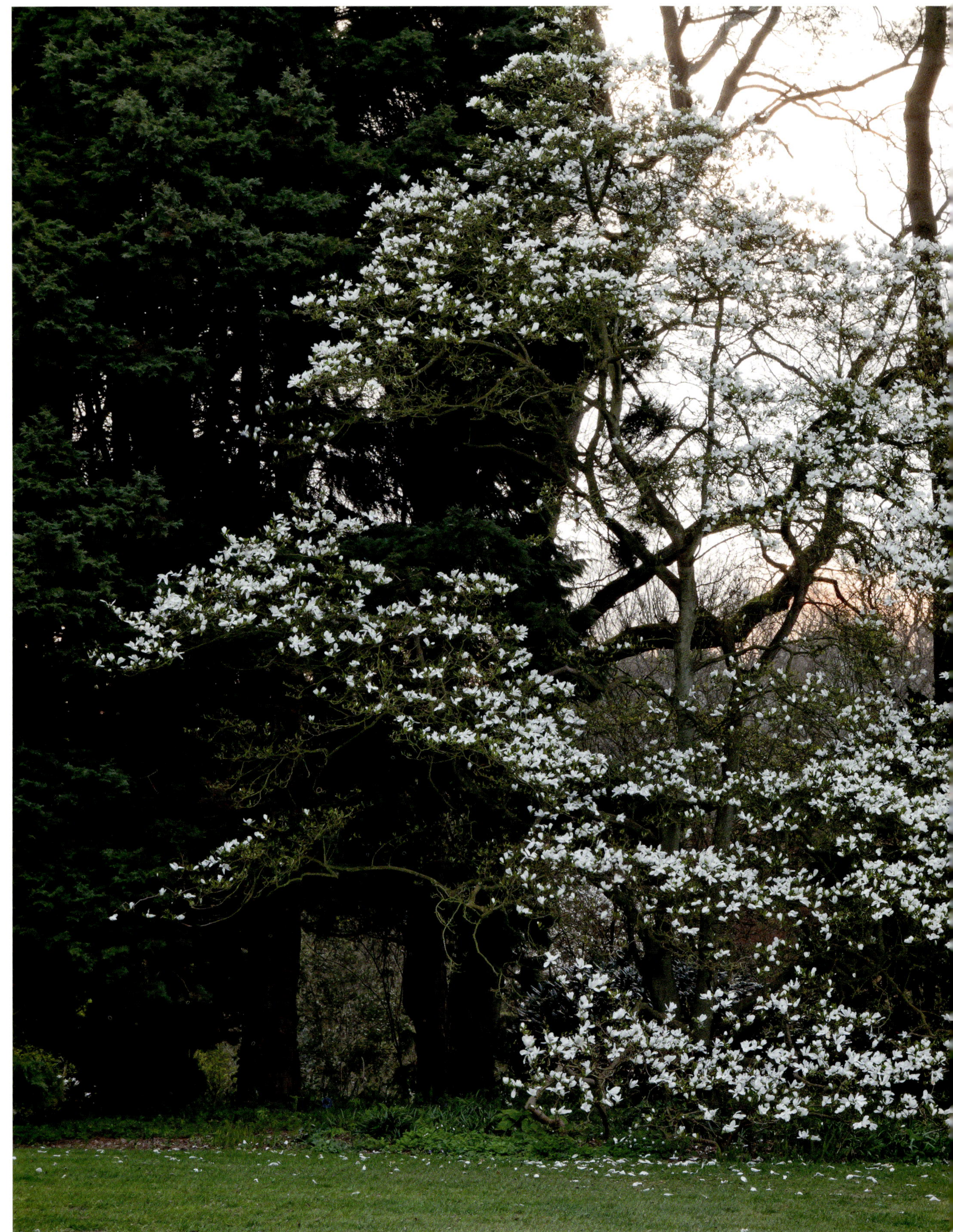

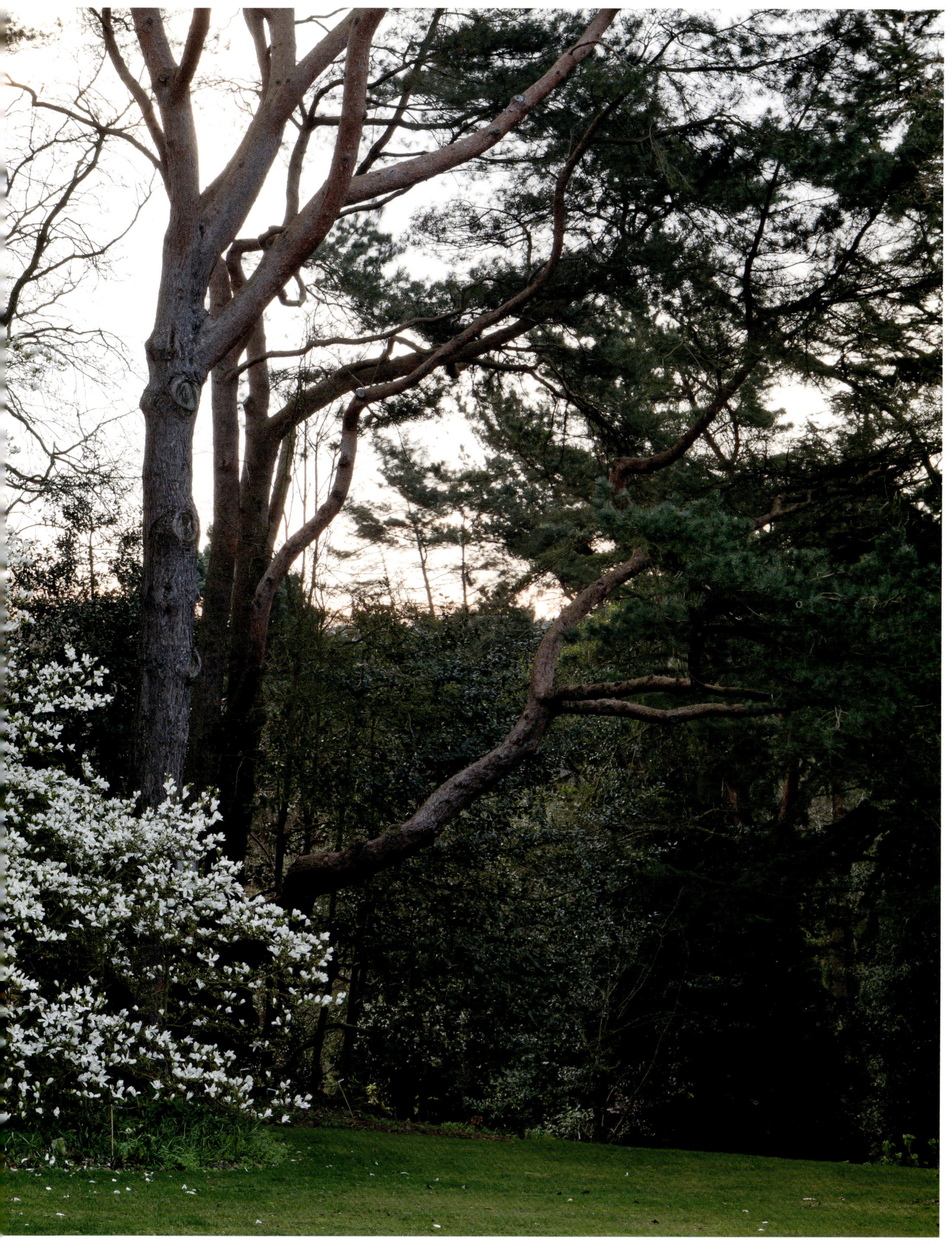

→ LE PRINTEMPS

Dès le début de mars, le temps généralement doux permet une explosion de couleurs : camélias et magnolias devancent de peu les cerisiers japonais, les rhododendrons et les azalées. Le bois de rhodos, celui des érables, la vallée, le bois des cornouillers. Pas un recoin qui ne s'éclaire de floraisons plus spectaculaires les unes que les autres.

SPRING

From early March, the generally mild weather allows an explosion of colour: camellias and magnolias are a little ahead of the Japanese cherries, rhododendrons and azaleas. The rhododendron wood, the maple wood, the valley, the cornus wood; there's not a corner that doesn't light up with flowers, each seeming more spectacular than the last.

Vers la mi-mars, les camélias 'Donation' et 'St Ewe' (plus foncés) croûlent sous les fleurs, près du *Magnolia* x *loebneri* 'Snowdrift' et des bruyères roses.

Towards mid-March, camellias 'Donation' and deeper pink 'St. Ewe' are dripping with flowers, close to *Magnolia* x *loebneri* 'Snowdrift' and pink heather.

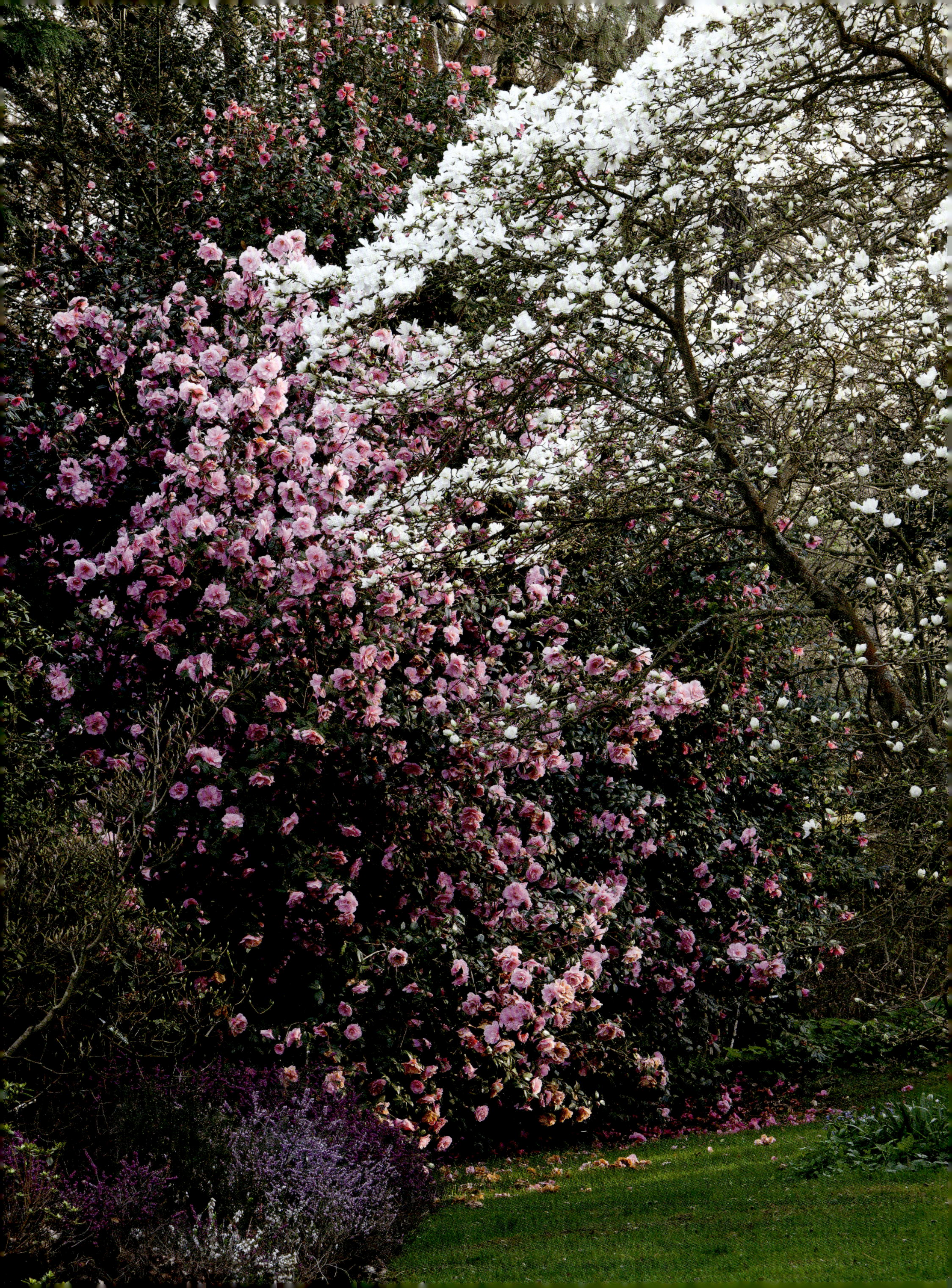

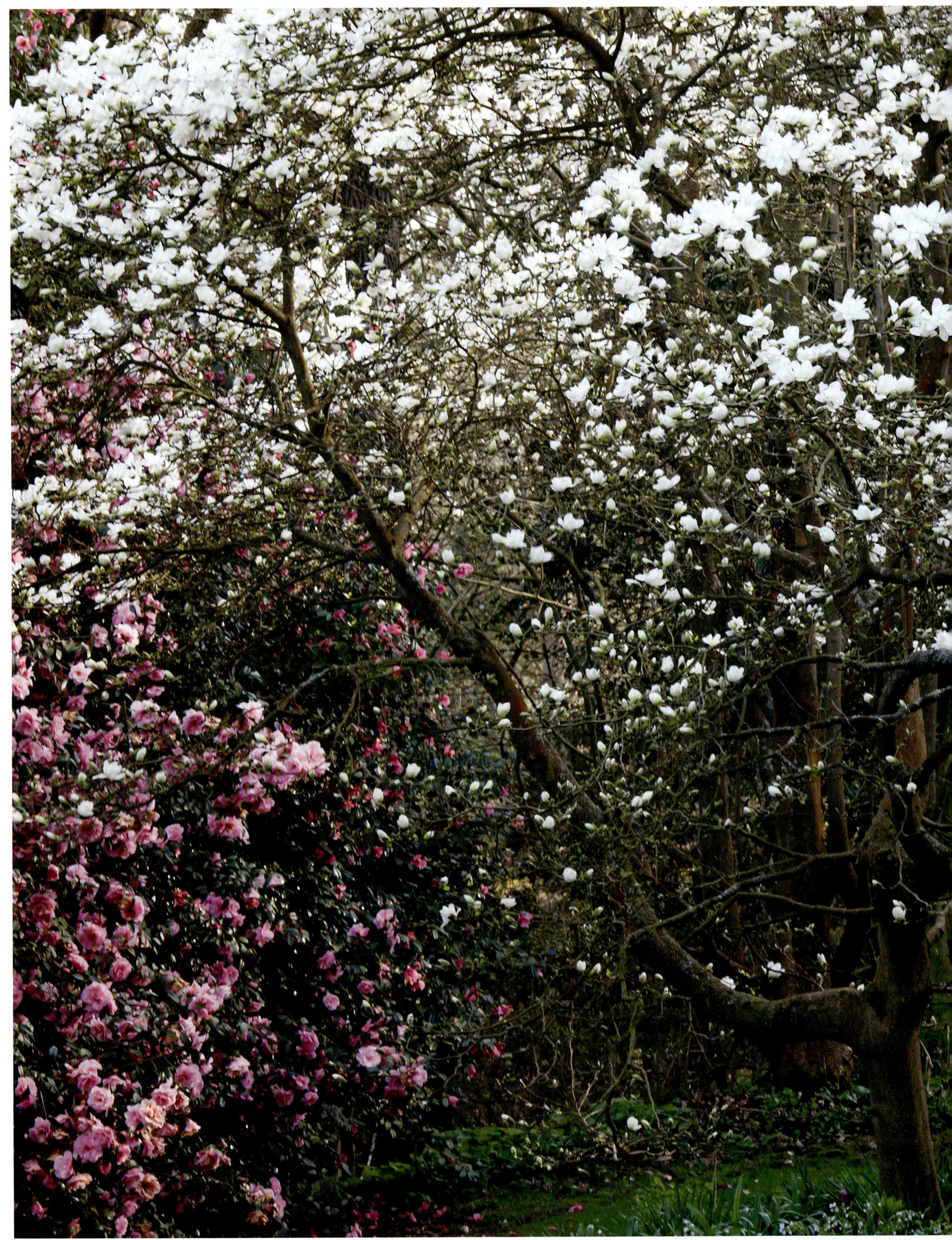

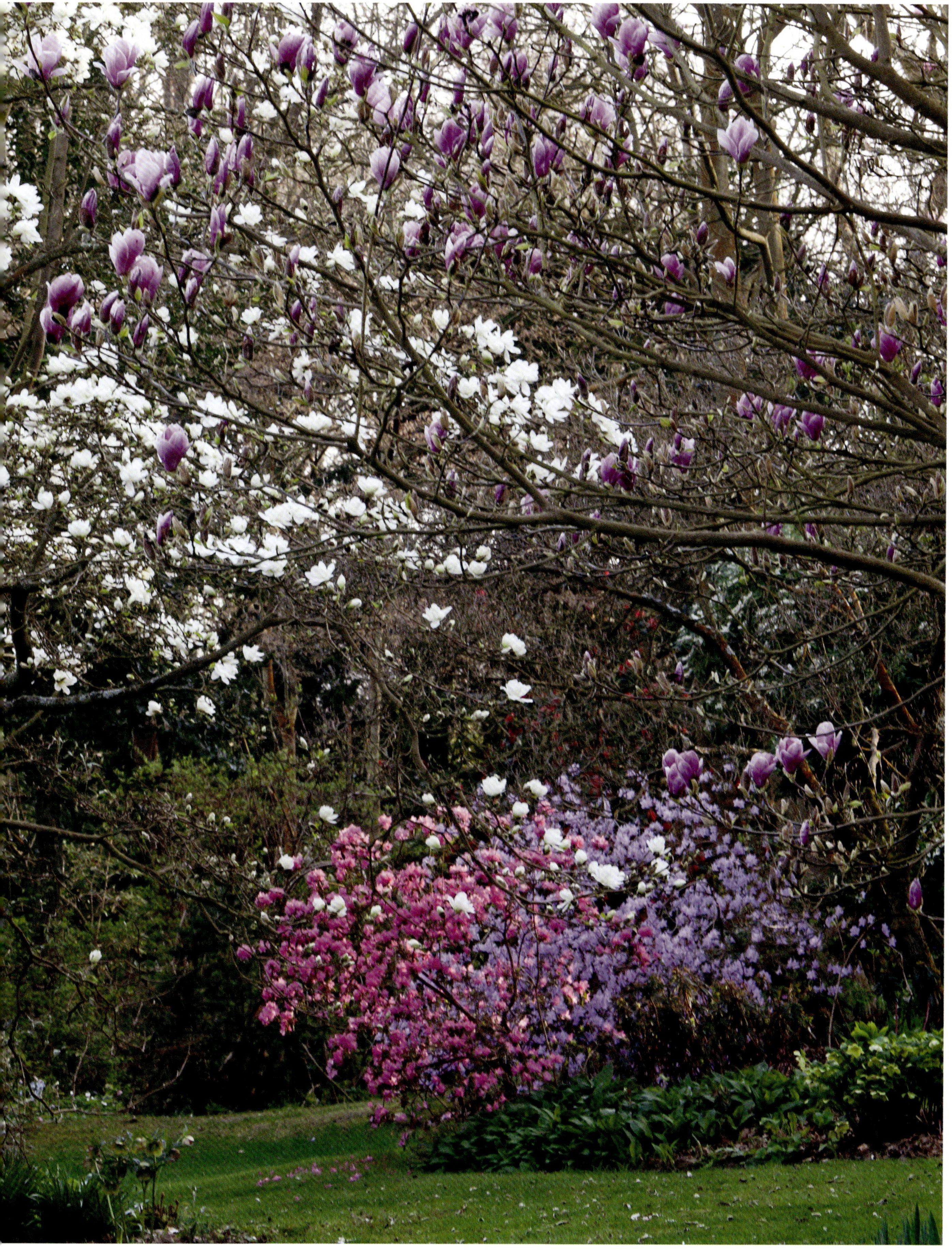

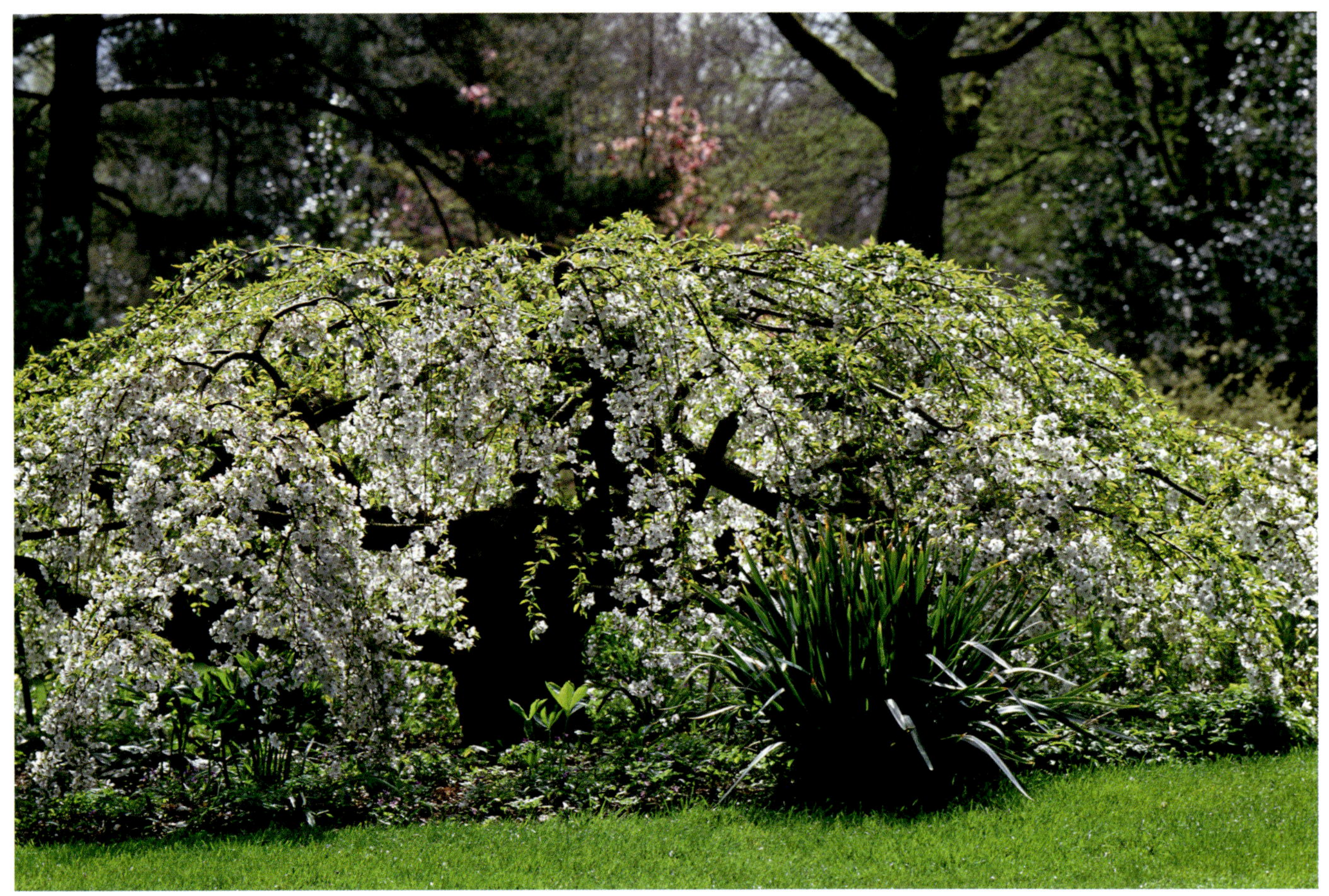

Prunus pendula est une espèce spontanée en certains endroits du Japon d'où vient celui-ci, envoyé par un ancien stagiaire japonais.

Prunus pendula is a species that occurs in some parts of Japan, from where a former trainee sent this example.

DOUBLE-PAGE PRÉCÉDENTE

Enchantement de couleurs avec le magnolia 'Snowdrift', les camélias 'Donation' et 'St Ewe', l'azalée rose vif 'Ostara' et le *Rhododendron mucronulatum* à ses côtés ; tous vus entre les jeunes fleurs d'un *Magnolia* x *soulangeana* 'Burgundy'.

PREVIOUS DOUBLE-PAGE SPREAD

The enchanting colours of magnolia 'Snowdrift', camellias 'Donation' and 'St Ewe', and bright pink azalea 'Ostara' with *Rhododendron mucronulatum* at its side, all seen between the young flowers of *Magnolia* x *soulangeana* 'Burgundy'.

CI-CONTRE

Contre la maison, le rouge vif du *Camellia japonica* 'Adolphe Audusson' apporte une touche de couleur vivifiante.

OPPOSITE

Against the house, the bright red of *Camellia japonica* 'Adolphe Audusson' brings a vivid splash of colour.

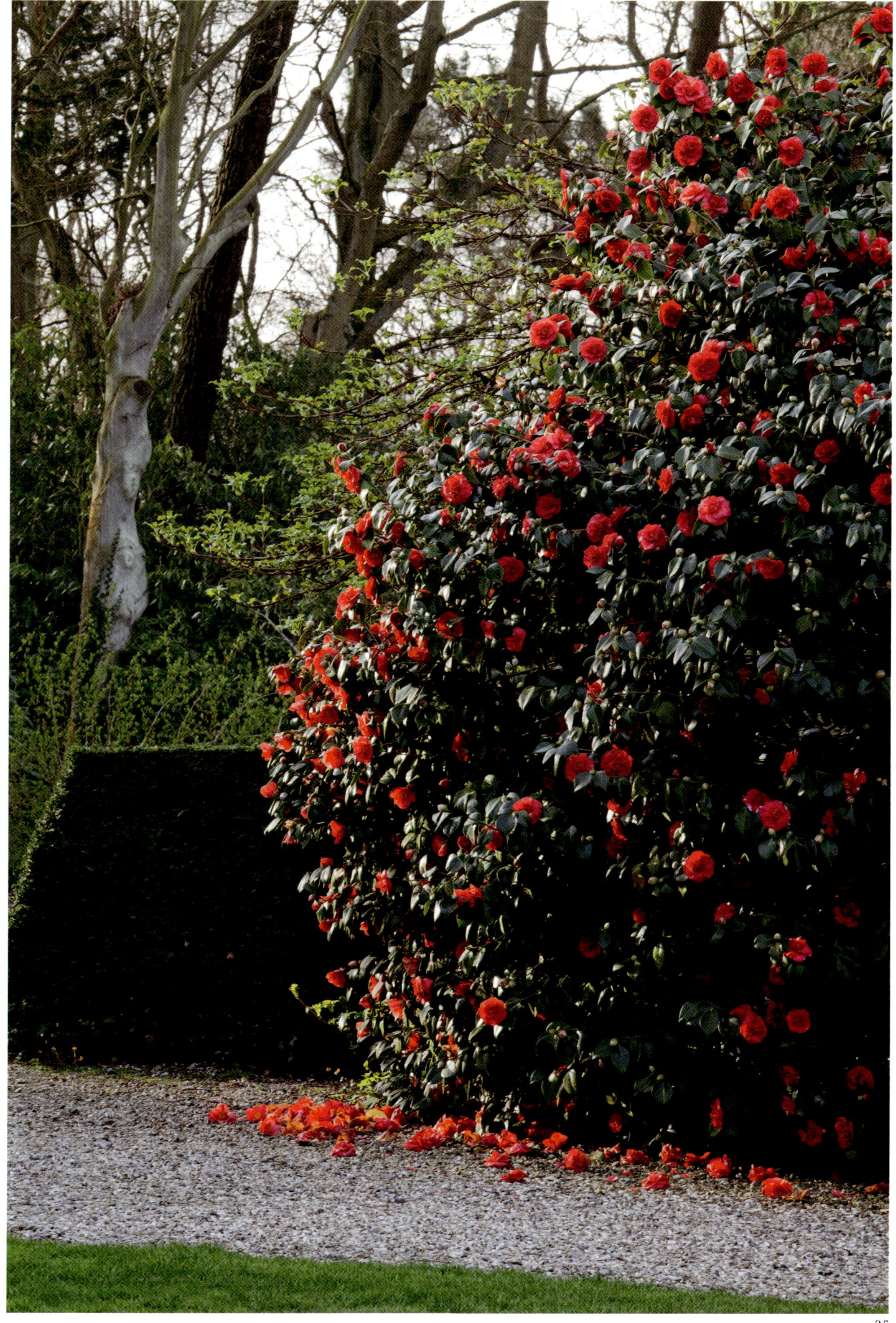

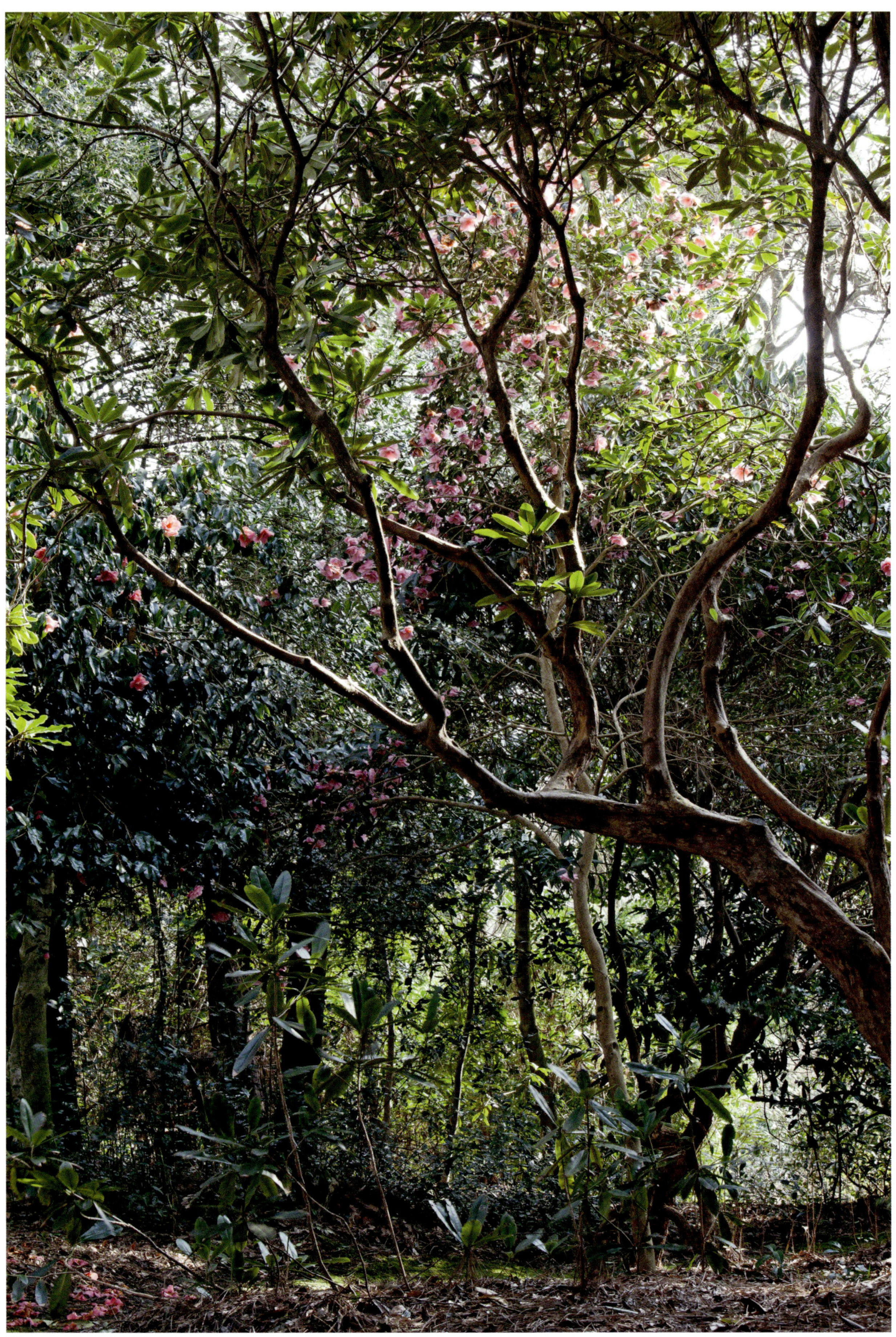

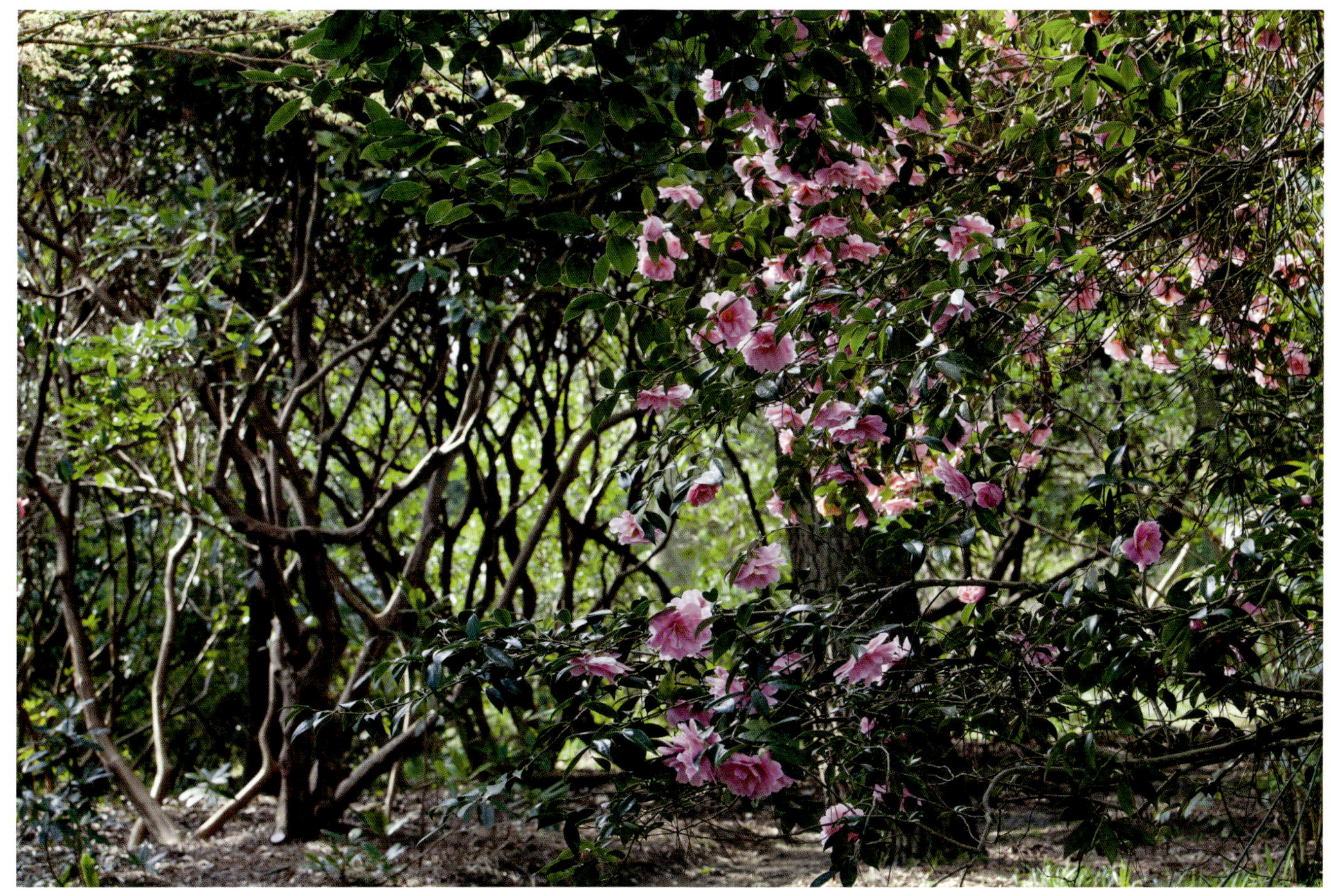

Dans le bois, les camélias 'Donation' plient sous le poids des fleurs et jouent avec le graphisme des branches des grands *Rhododendron* x *halopeanum*.

In the wood the 'Donation' camellias bend under the weight of their flowers, contrasting with the bare, tangled stems of the large bushes of *Rhododendron* x *halopeanum*.

CI-CONTRE

En une trentaine d'années, les *Rhododendron* x *halopeanum* écrasés par la tempête de 1978 sont devenus arborescents et dépassent 8 mètres de hauteur.

OPPOSITE

Within 30 years, the *Rhododendron* x *halopeanum* that were smashed by the storm of 1978 have regrown into trees of more than 8m in height.

DOUBLE-PAGE SUIVANTE

Sous l'immense *Prunus* 'Taï Haku' encore en boutons, on aperçoit le *Magnolia* x *loebneri* 'Leonard Messel' et les premiers narcisses blancs 'Mount Hood'.

DOUBLE-PAGE SPREAD OVERLEAF

Beneath the enormous *Prunus* 'Taï Haku', still in bud, *Magnolia* x *loebneri* 'Leonard Messel' and the first flowers of white *Narcissus* 'Mount Hood' are visible.

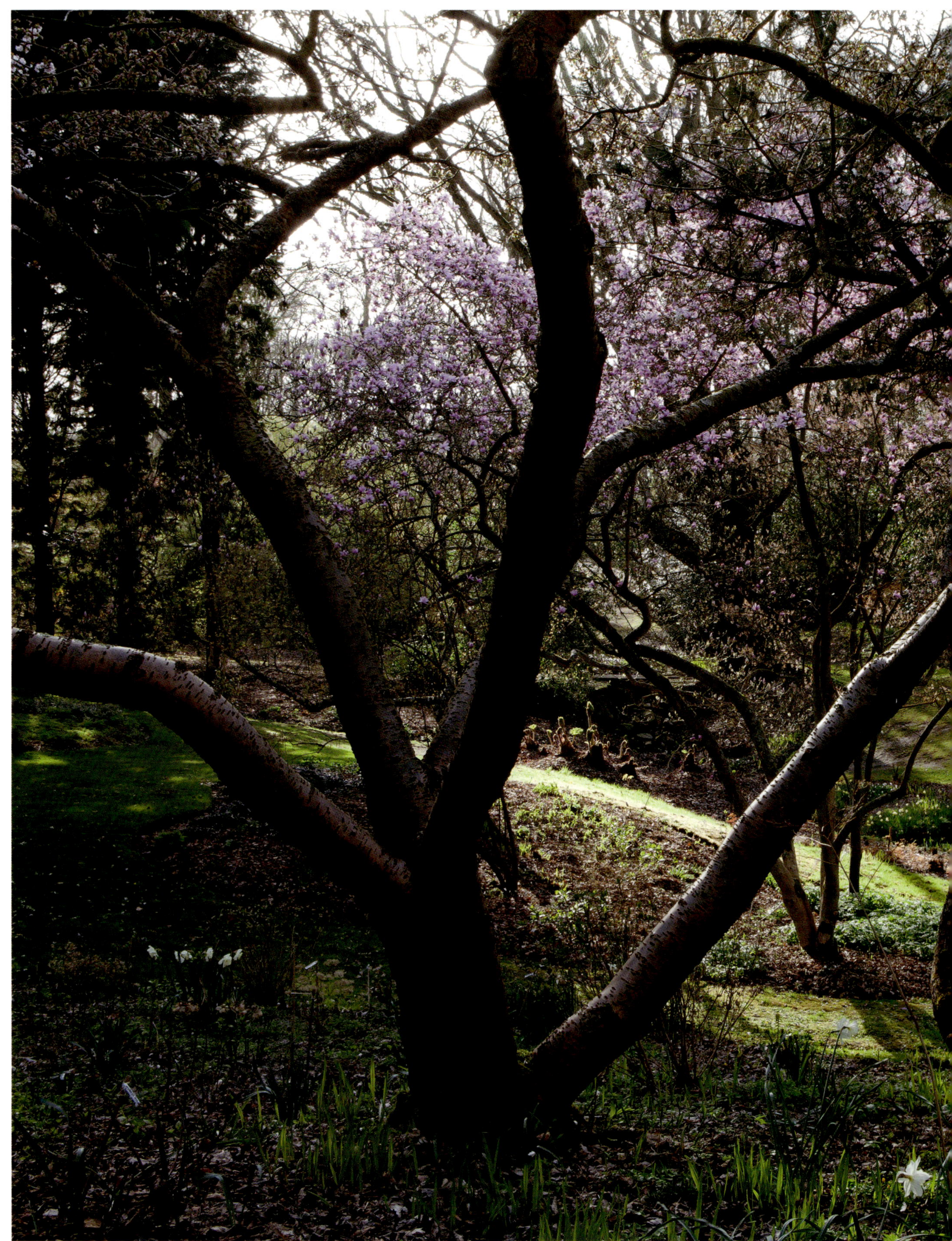

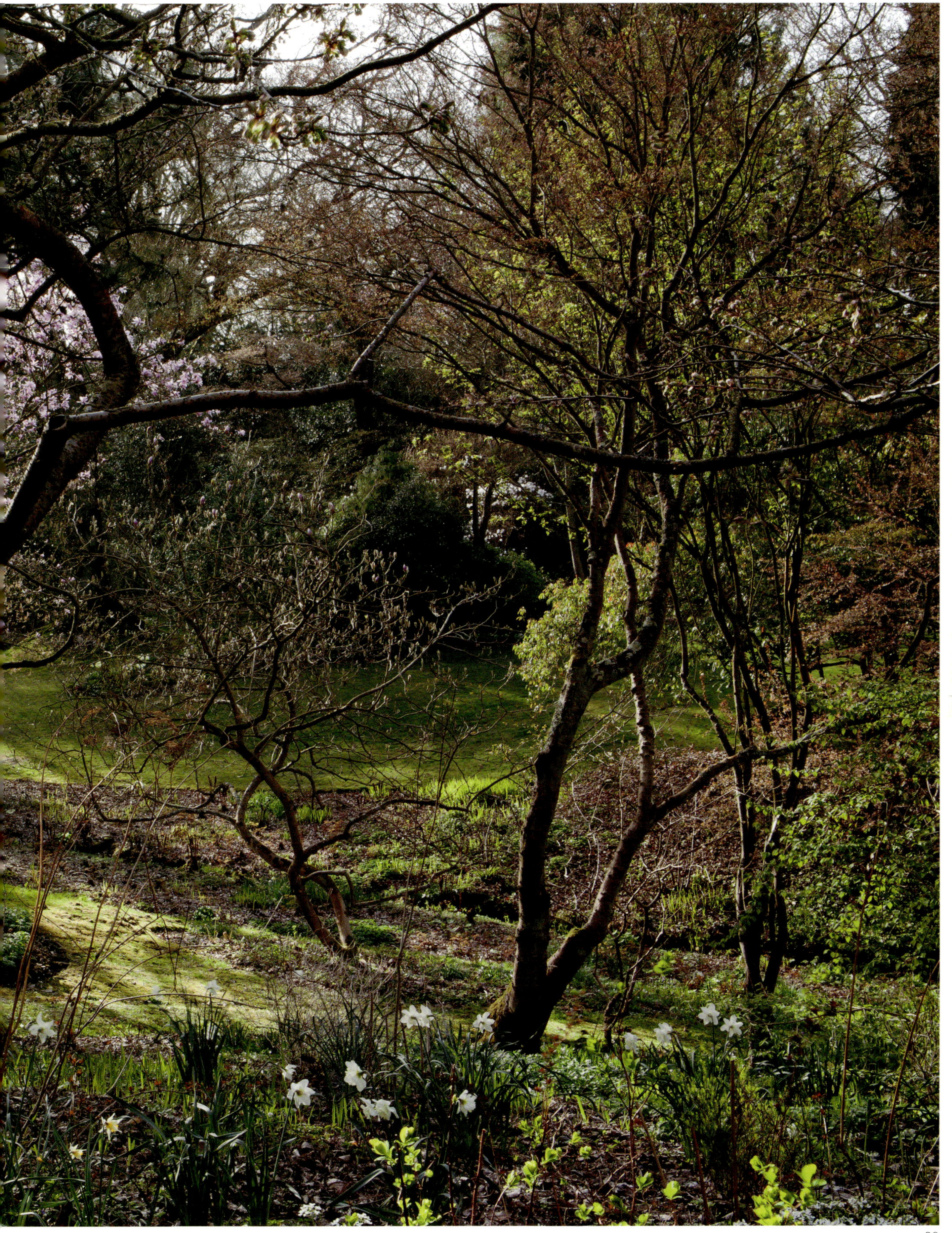

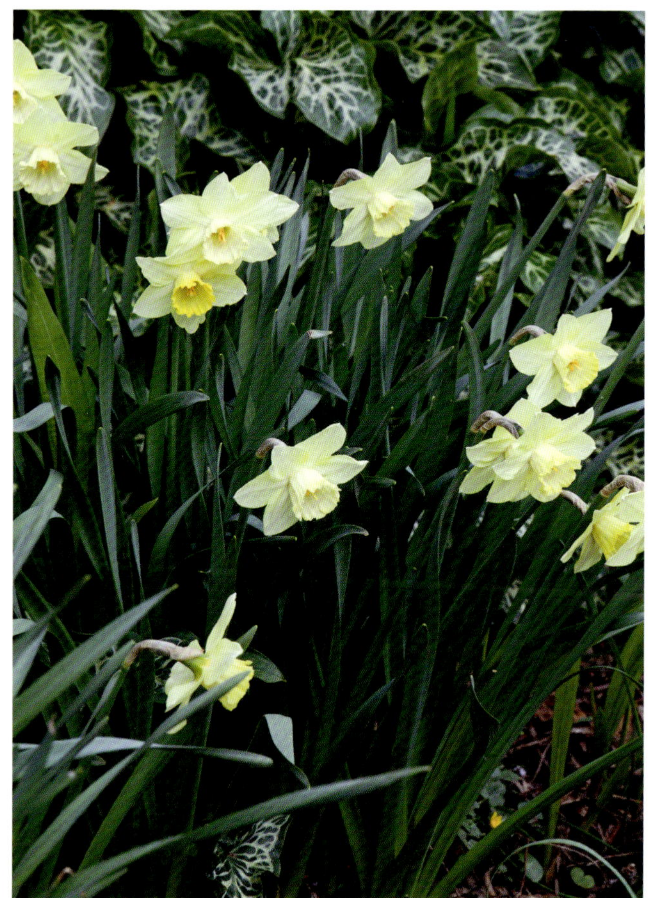

'Spellbinder' est une variété de narcisses robuste et prolifique ; sa teinte jaune pâle se marie à toutes les autres couleurs.

'Spellbinder' is a robust and prolific daffodil cultivar; its pale yellow tint harmonises with all the other colours.

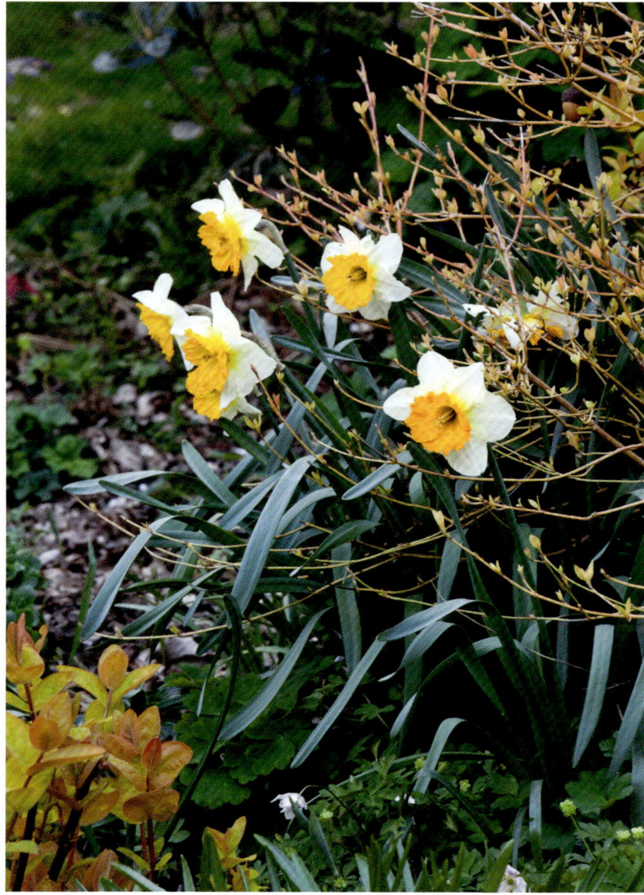

Plus difficiles à marier, les narcisses à coupe orange, sont ici associés à l'*Hypericum* GOLDEN BEACON et au *Cornus* WINTER FLAME ('Anny').

Trickier to place, orange-cupped daffodils are here associated with *Hypericum* 'Golden Beacon' and *Cornus* WINTER FLAME ('Anny').

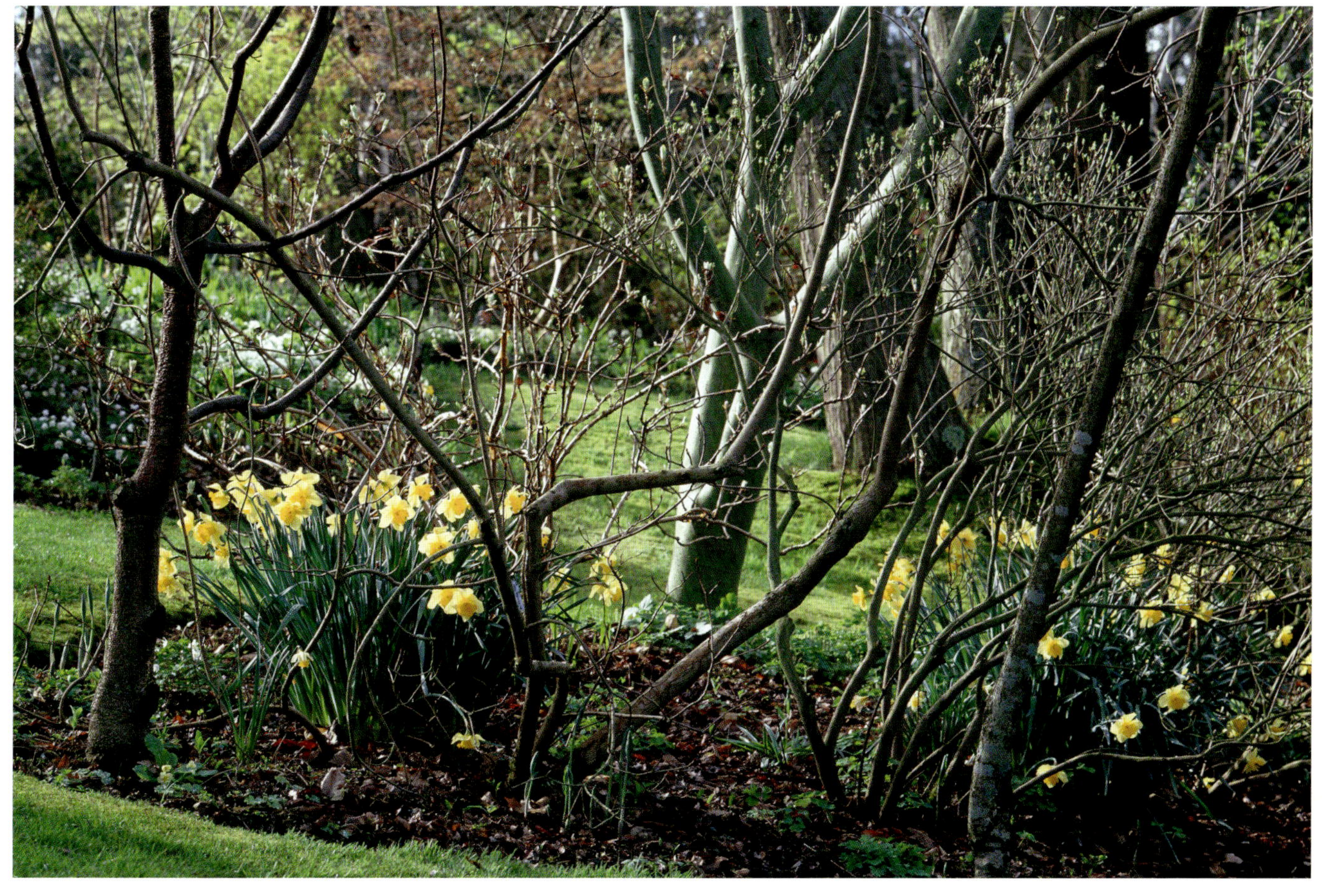

En avril, les narcisses animent la surface des massifs avant que les arbustes ne déploient leurs feuilles et leurs fleurs.

In April, daffodils enliven the borders before the shrubs unfold their leaves and display their flowers.

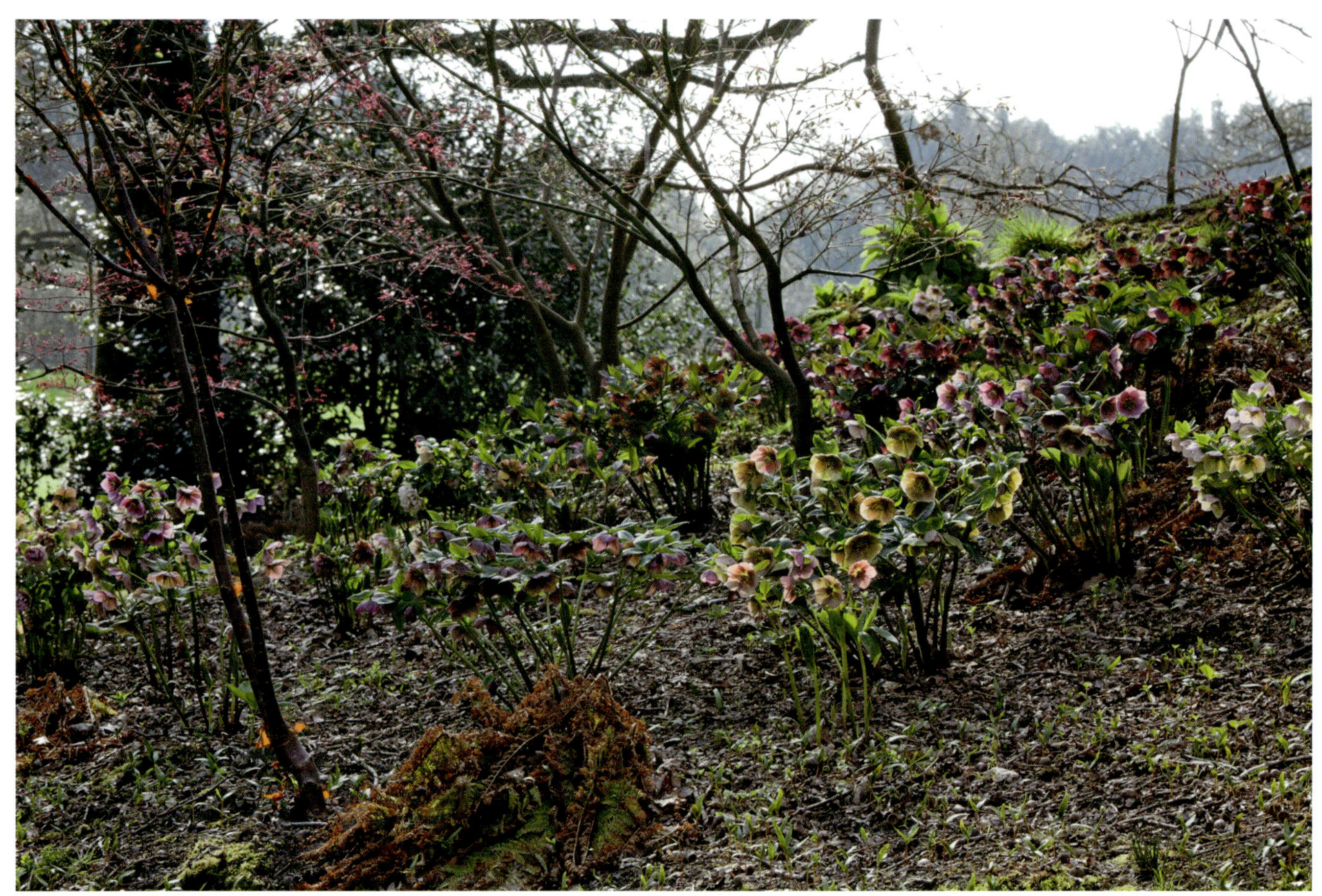

La floraison des hellébores hybrides continue de plus belle, sur le talus au sommet du jardin. Voici le côté est, dédié aux pourpres...

The hellebore hybrids continue flowering unabated on the slope at the top of the garden. This is the eastern slope, clad in purple...

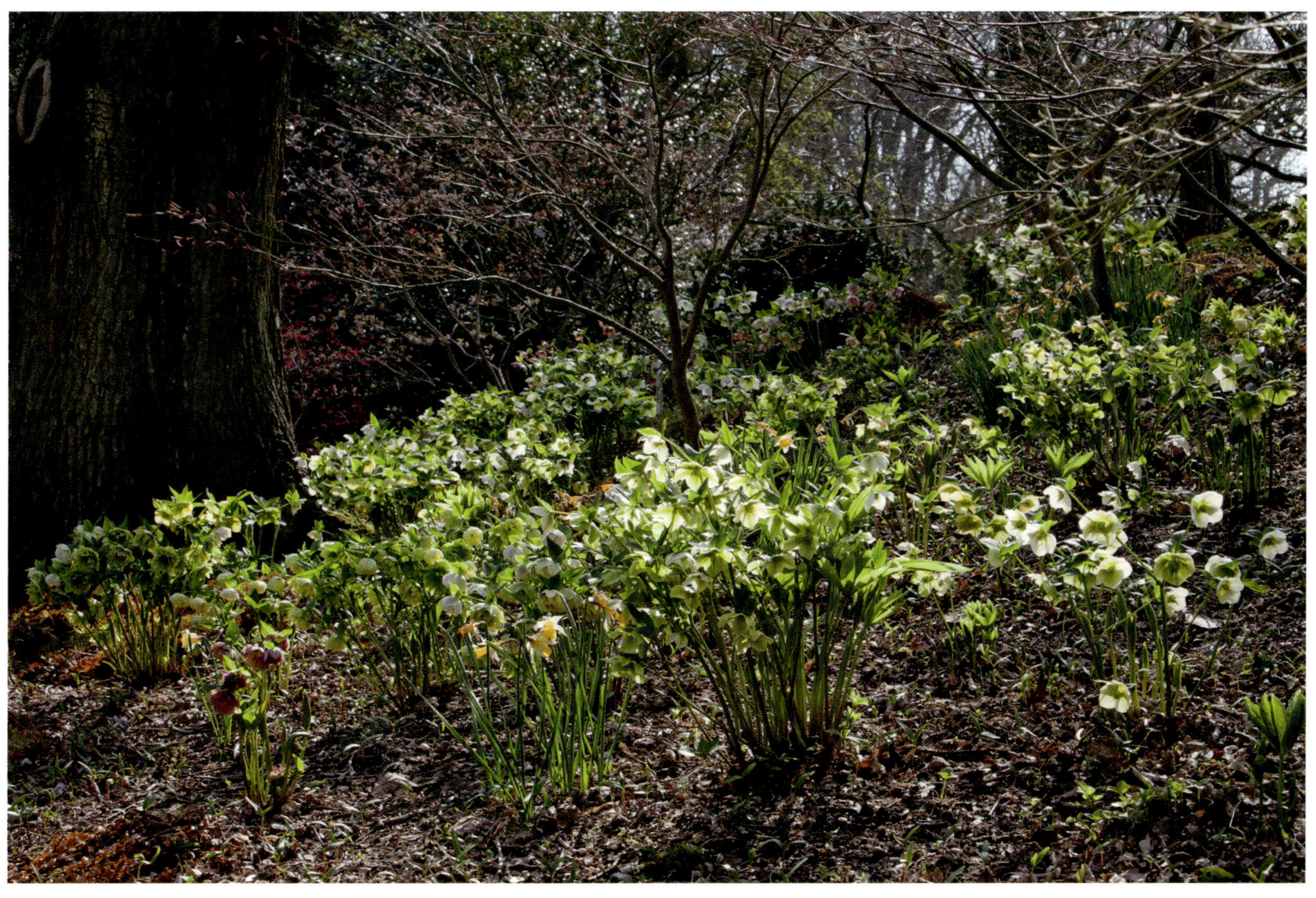

... et le côté ouest, habillé par les hellébores blancs, verts, ou jaunes, qui s'illuminent dans la lumière du soir.

... and the western one, clothed in white, green and yellow-flowered hellebores, glowing in the evening light.

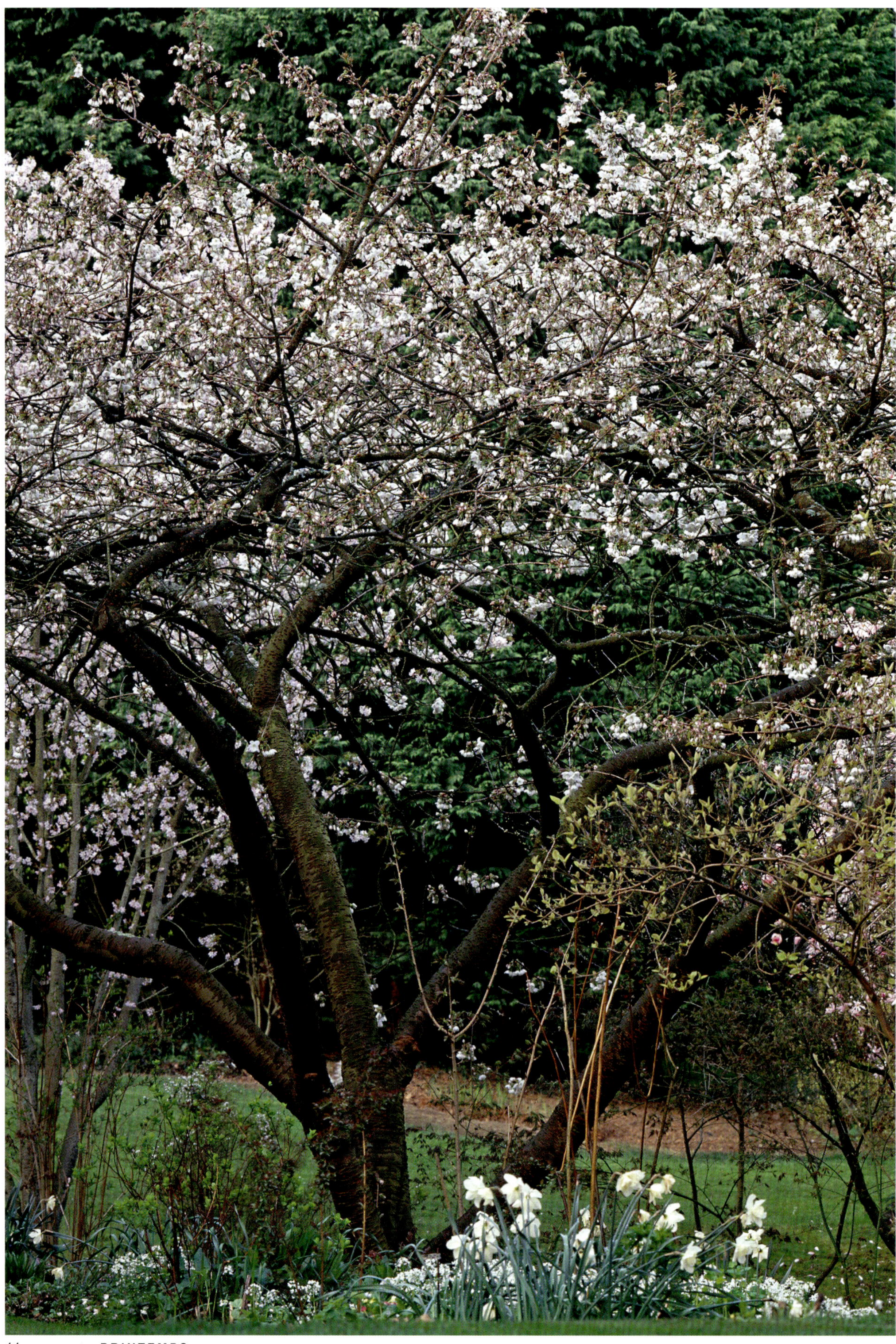

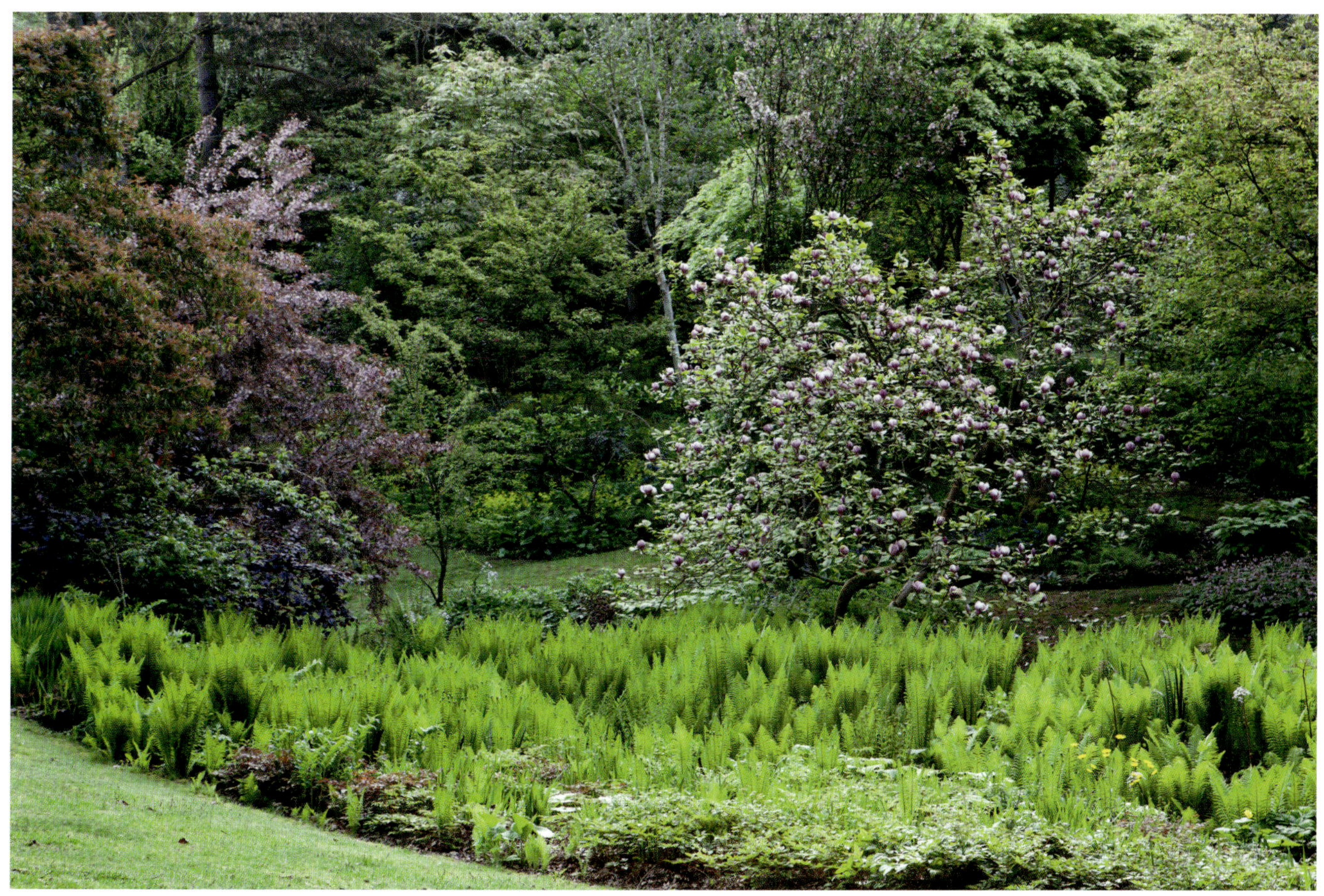

Plutôt tardif, ce *Magnolia* x *soulangeana* 'Lennei' attend la floraison du *Malus* 'Diable Rouge' de l'autre côté de la rivière de fougères (*Matteuccia struthiopteris*).

Rather late to bloom, this *Magnolia* x *soulangeana* 'Lennei' waits for *Malus* 'Diable Rouge' to flower on the other bank of the river of shuttlecock ferns (*Matteuccia struthiopteris*).

CI-CONTRE

Quand 'Taï Haku' ouvre ses bouquets de grandes fleurs blanc pur, à ses pieds s'épanouit un tapis de narcisses blancs et de *Pachyphragma macrophyllum*.

OPPOSITE

As the 'Taï Haku' cherry opens its bouquets of large, pure white blossoms, a carpet of white narcissus and *Pachyphragma macrophyllum* is spread at its feet.

DOUBLE-PAGE SUIVANTE

Au fond de la vallée, le regard est attiré par les très grands rhododendrons 'Cynthia' au-dessus des conifères. *R. roxieanum* et *R. sanctum* font un écho plus pâle de ce côté.

DOUBLE-PAGE SPREAD OVERLEAF

Deep in the valley, the large rhododendrons (*R.*'Cynthia') attract attention in front of the conifers. On this side, *R. roxieanum* and *R. sanctum* provide a paler echo.

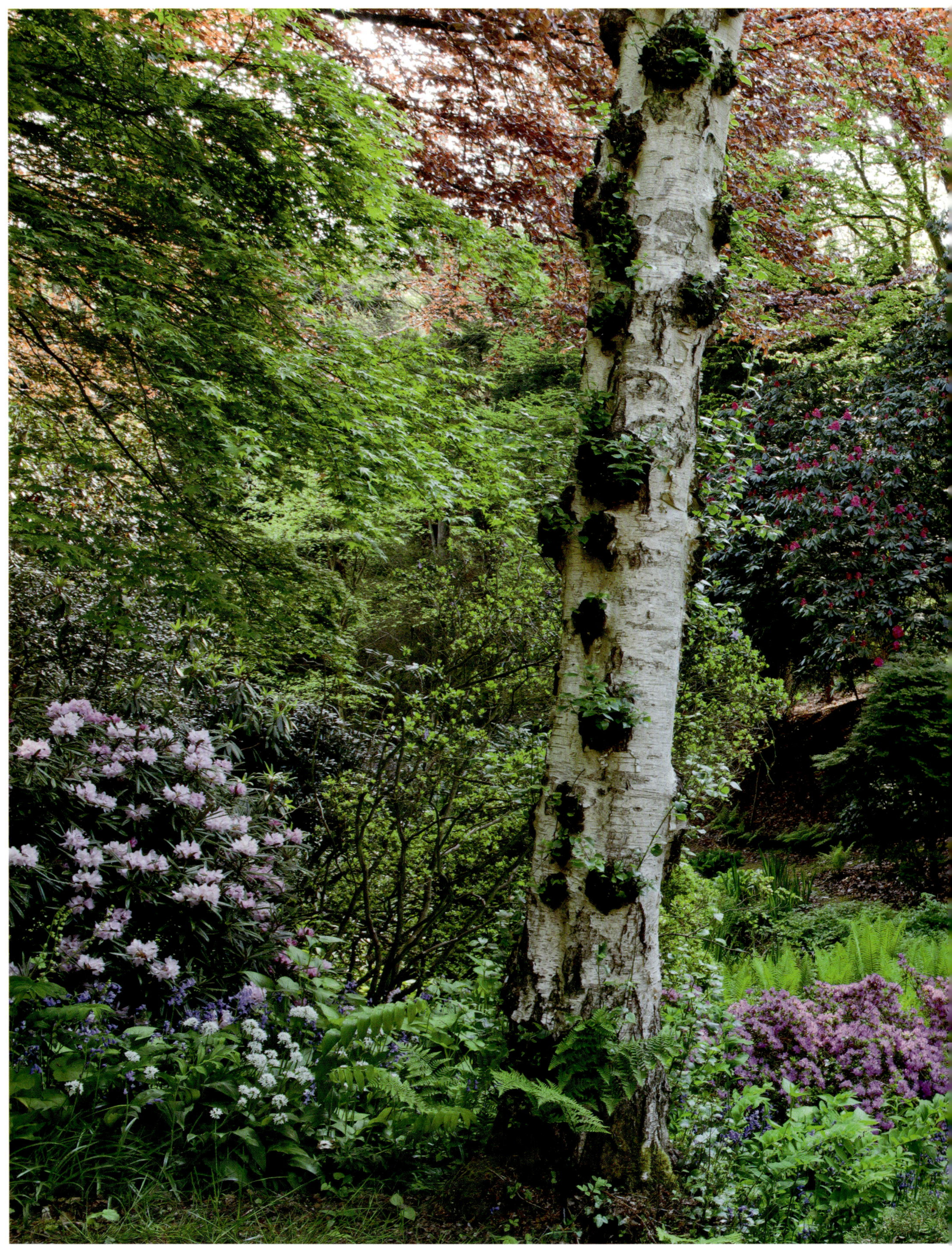

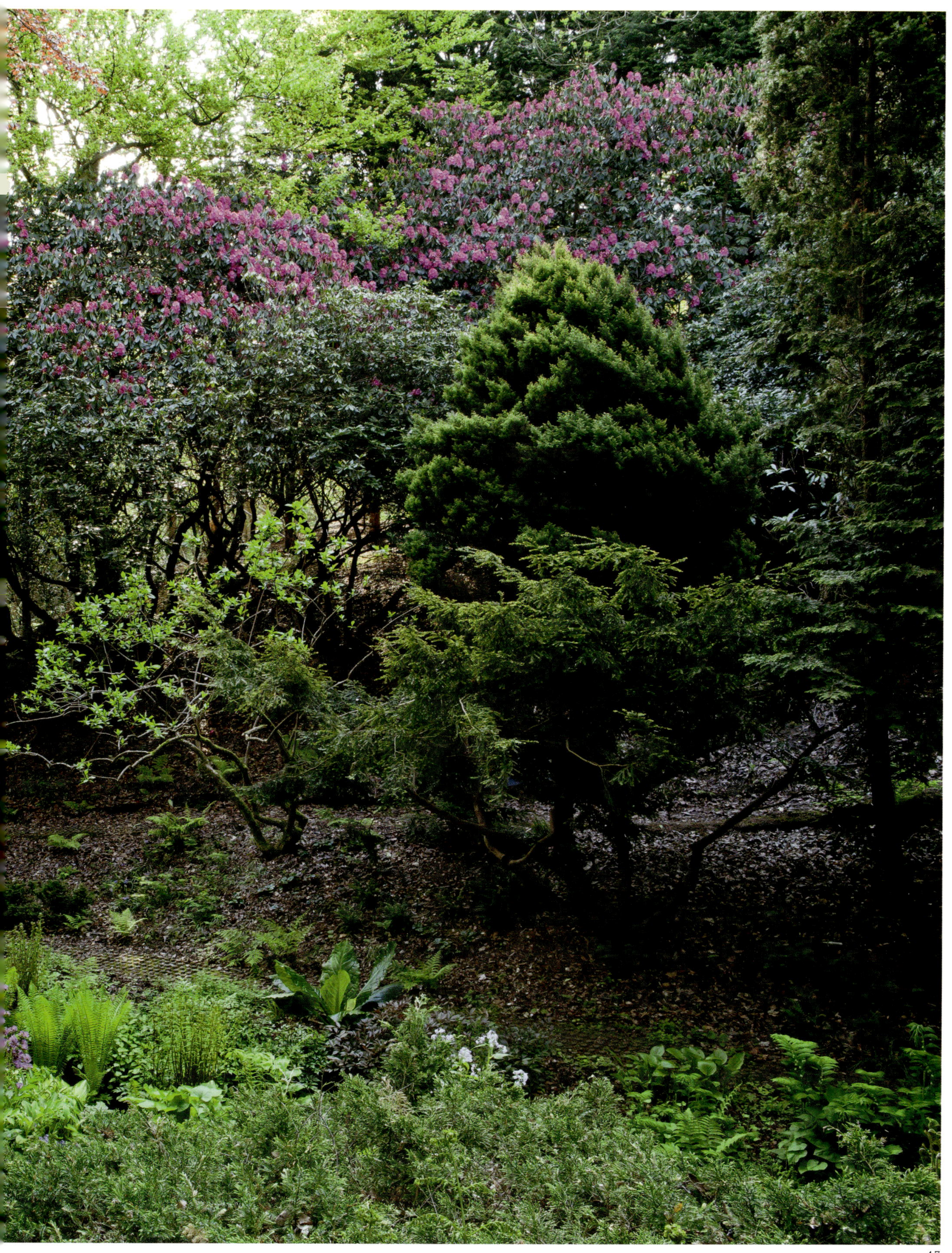

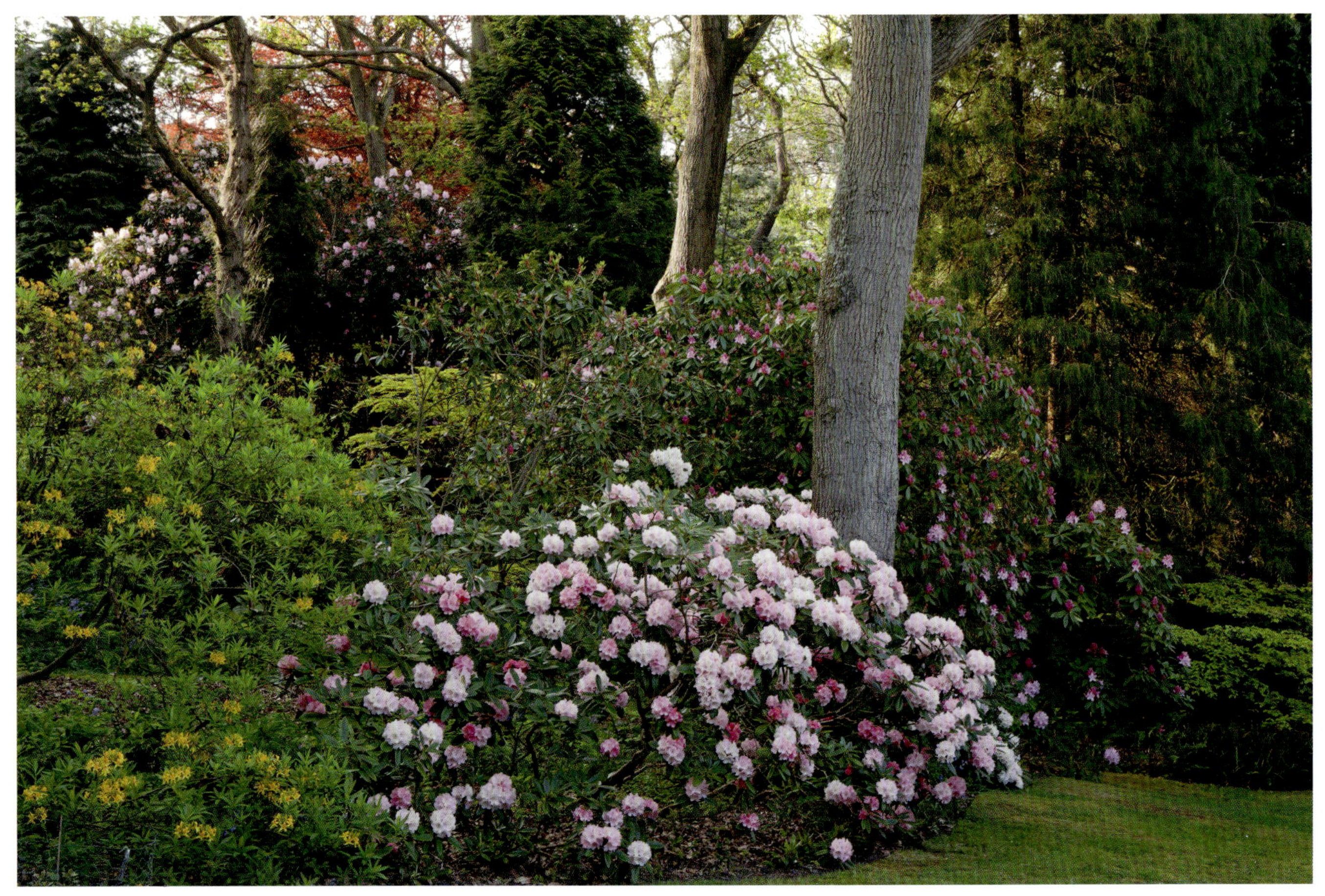

À l'entrée du bois, des semis de *Rhododendron yakushimanum* et *R.* 'Mrs E.C. Stirling' font écho aux *R.* x *halopeanum* un peu plus haut.

At the entrance to the wood, seedlings from *Rhododendron yakushimanum* and *R.* 'Mrs E.C. Stirling' echo the *R.* x *halopeanum* further up.

CI-CONTRE

Vue sur ces *Rhododendron* x *halopeanum* à leur niveau, sur fond de hêtre pourpre. Rose foncé en bouton, les fleurs s'épanouissent rose tendre pour devenir blanches à partir de leur troisième jour.

OPPOSITE

A view of these *R.* x *halopeanum* on their own level, against a background of copper beech. Deep pink in bud, their flowers open pale pink, fading to white after three days.

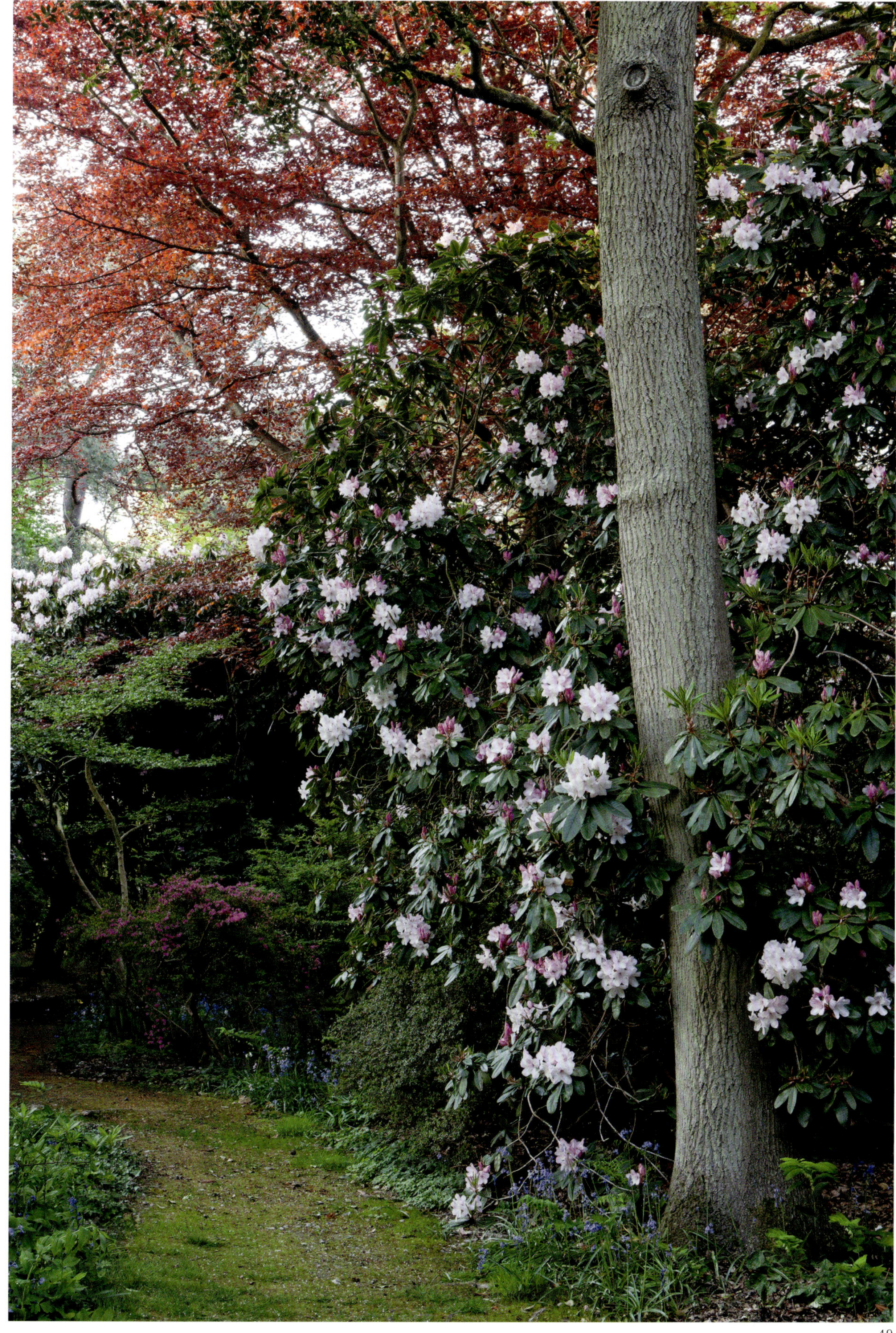

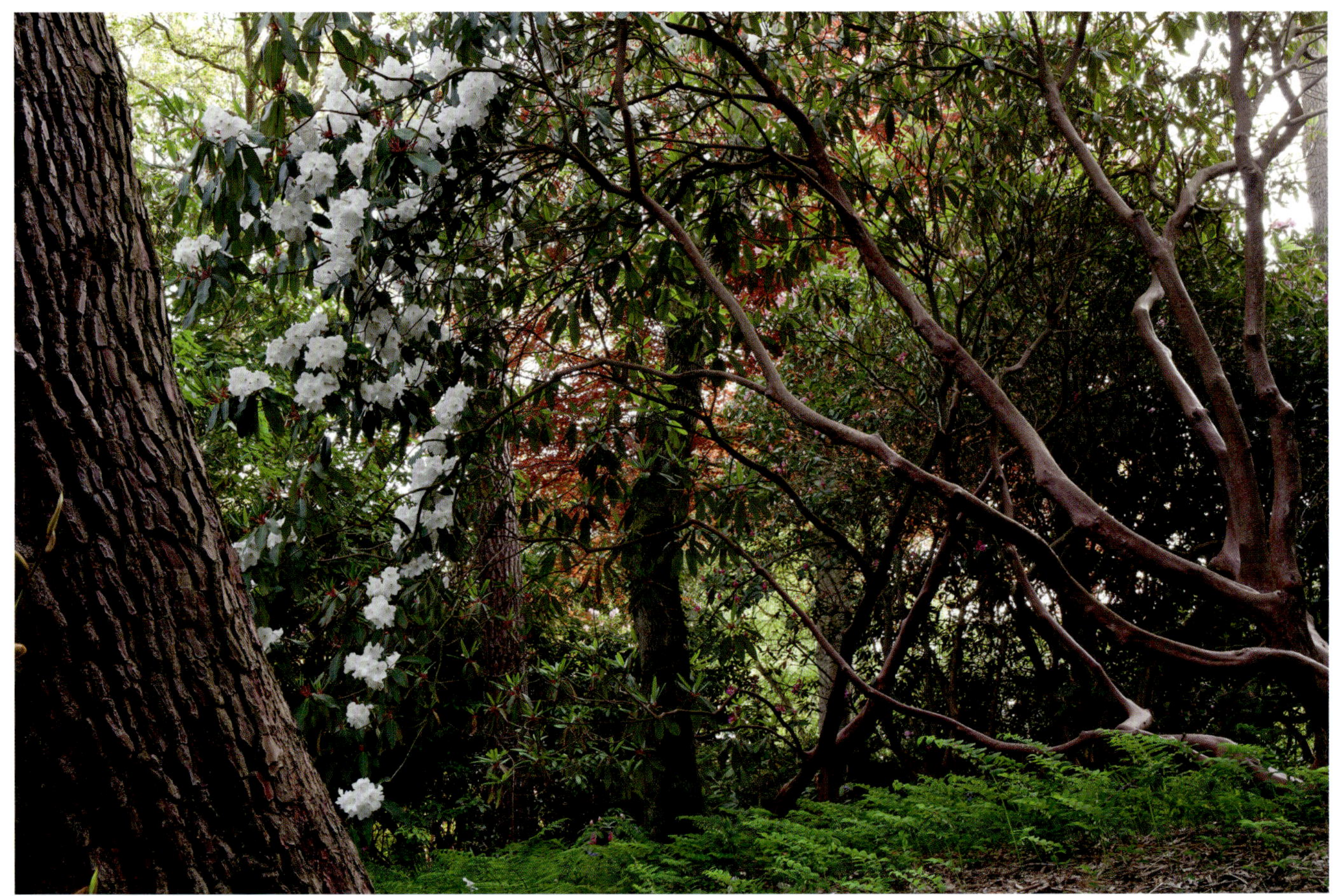

Rhododendron griffithianum avec ses grandes fleurs blanches très odorantes et sa magnifique écorce qui s'est révélée après 35 ans...

Rhododendron griffithianum with its highly fragrant, large, white-flowers; its magnificent bark only revealed itself after 35 years...

DOUBLE-PAGE SUIVANTE

Acer palmatum 'Sango-kaku', sur fond d'azalées parfumées (*R. luteum*) et tapis bleu de jacinthes sauvages et de hostas.

Doronics du Caucase (*Doronicum plantagineum*), sous l'ombrage léger du *Magnolia denudata*.

FOLLOWING TWO PAGES

Acer palmatum 'Sengo-kaku' against a backdrop of fragrant azaleas (*Rhododendron luteum*) and a carpet of bluebells and hostas.

Caucasian leopards' bane (*Doronicum plantagineum*) in the light shade of *Magnolia denudata*.

CI-CONTRE

Ce magnifique rhododendron rouge est issu d'un semis spontané au fond du jardin. Il joue avec le blanc du *R. griffithianum* et le pourpre cuivré du hêtre voisin.

OPPOSITE

This magnificent red rhododendron arose as a self-sown seedling in the garden. It contrasts well with white *R. griffithianum* and the coppery-purple beech close by.

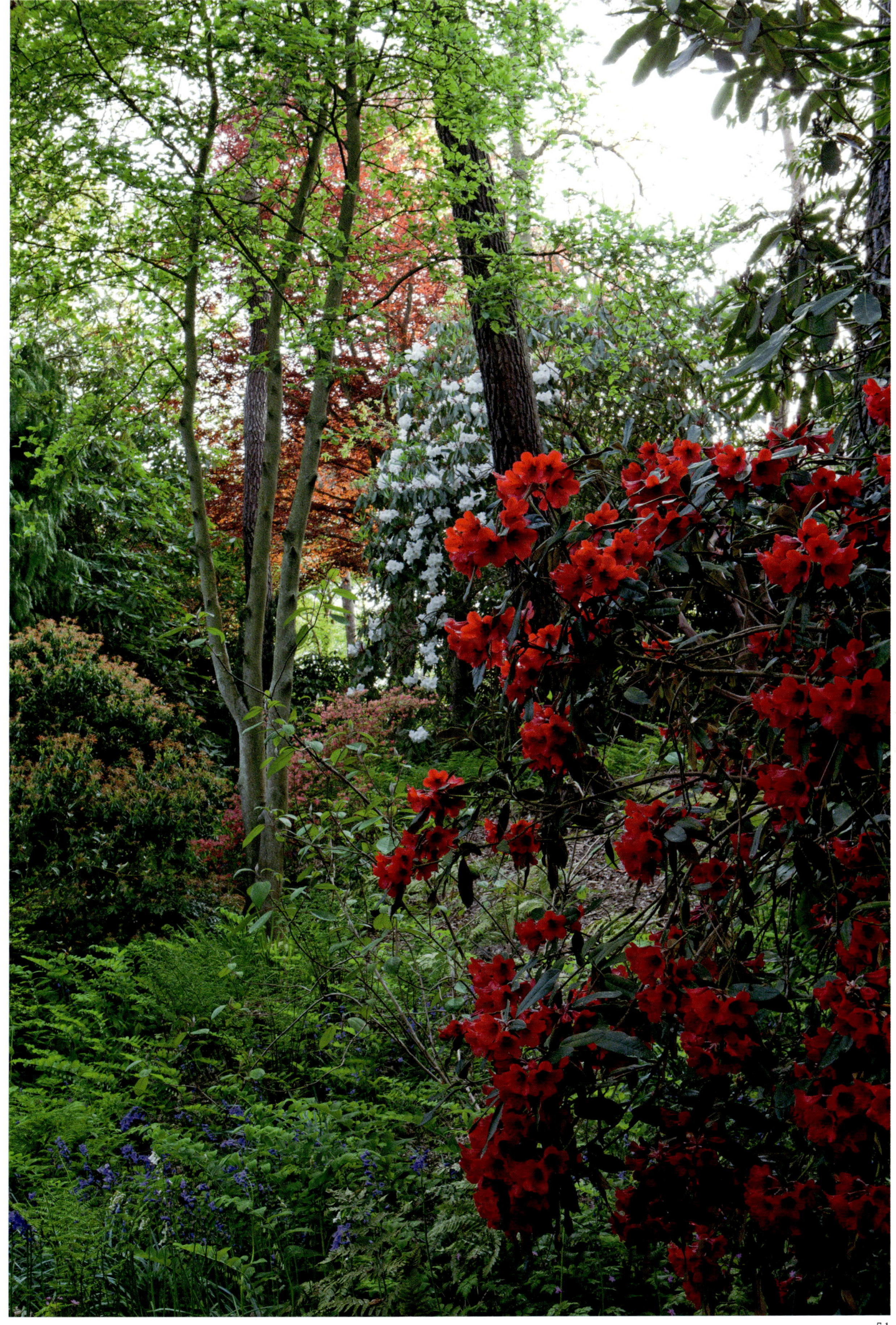

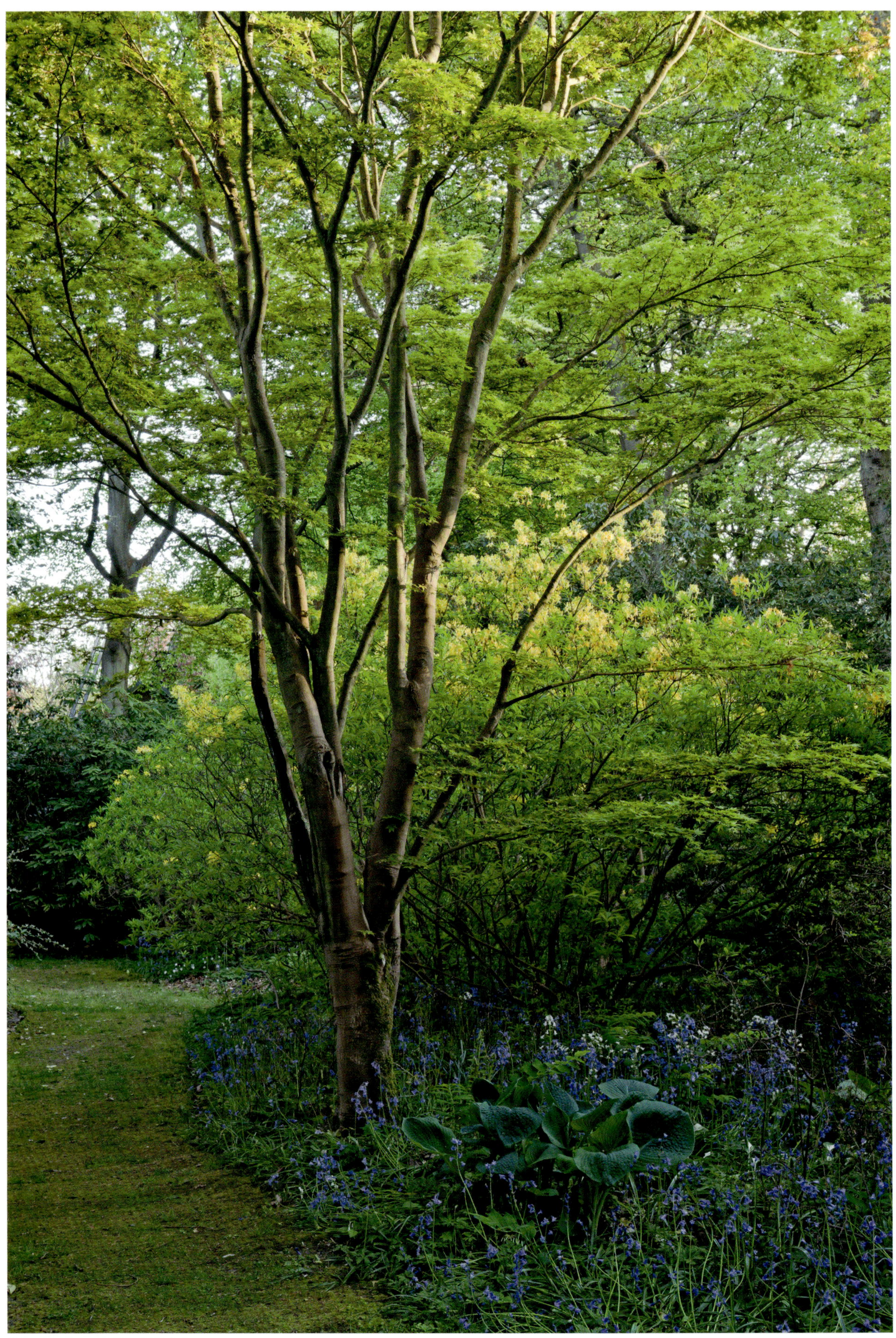

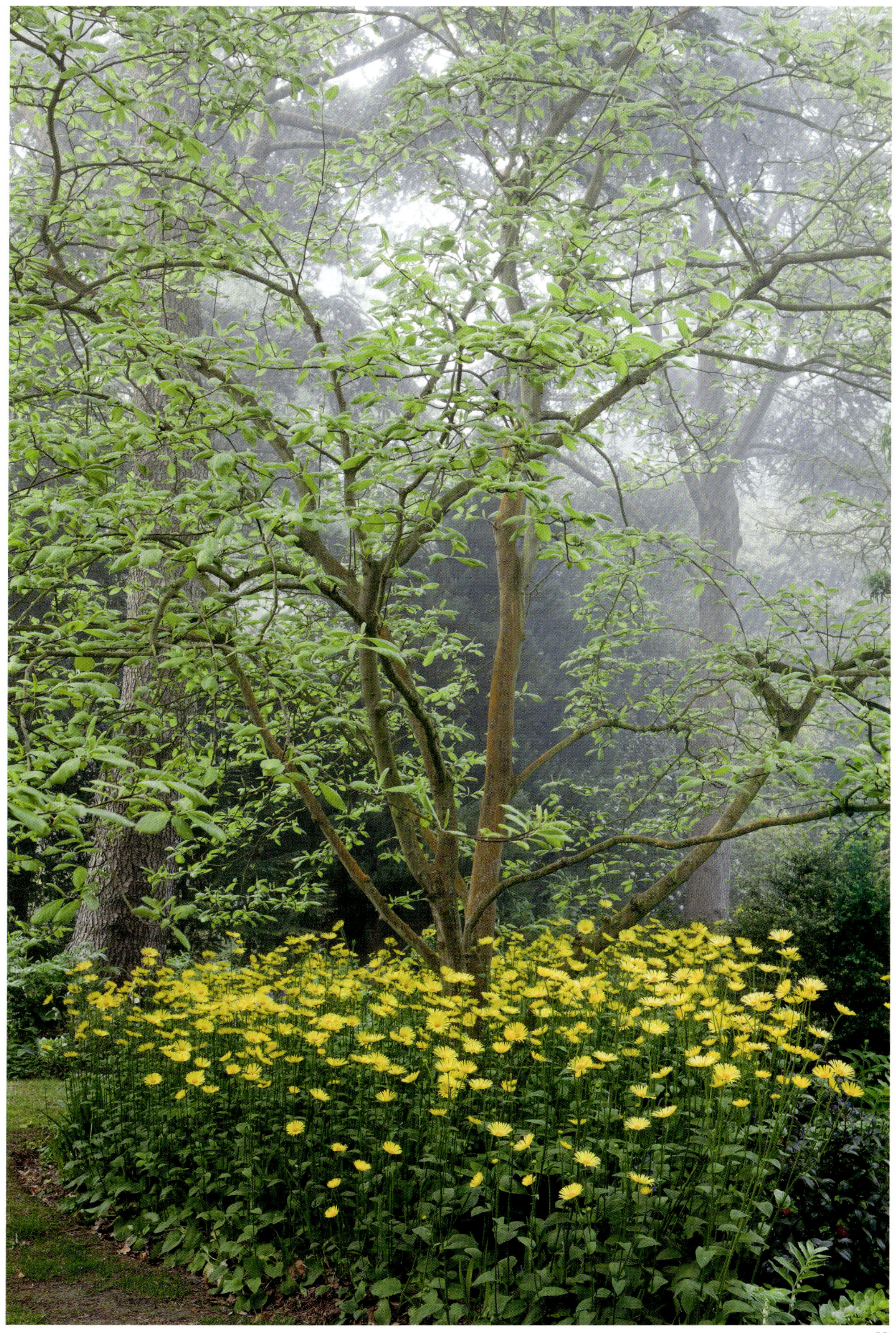

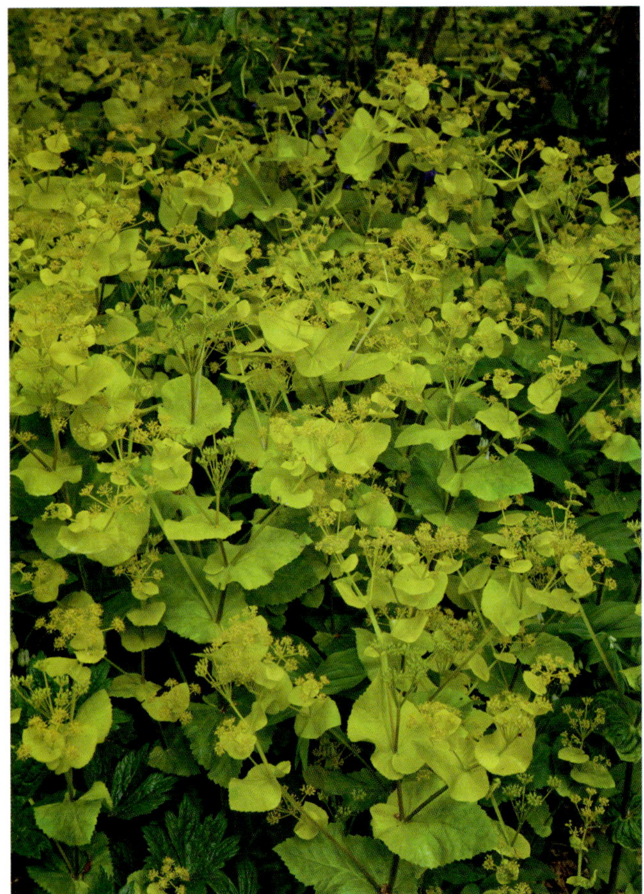

Smyrnium perfoliatum est une étonnante ombellifère tri-annuelle qui se ressème spontanément à l'ombre des arbres et des arbustes.

Smyrnium perfoliatum is a stunning triennial umbellifer which sows itself spontaneously in the shade of trees and shrubs.

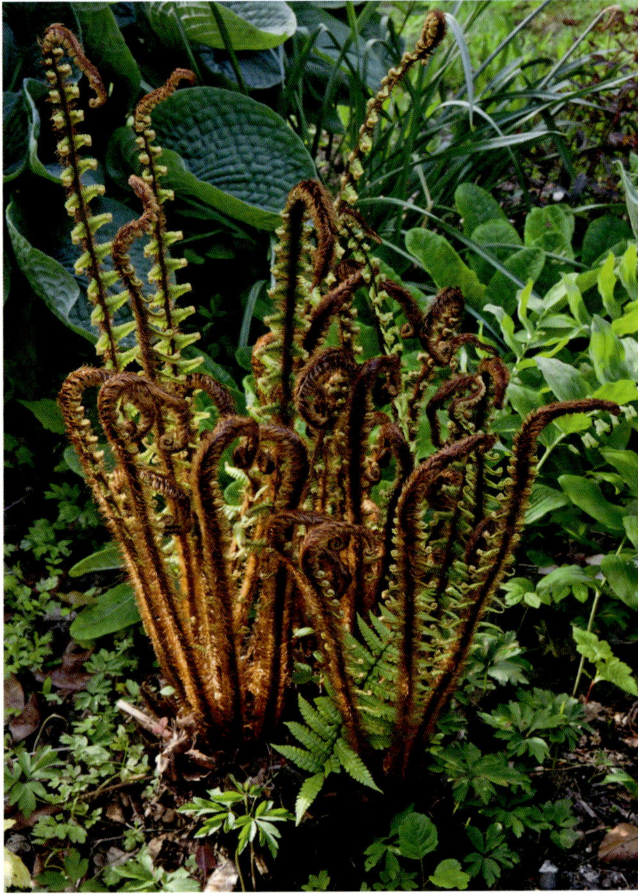

Dryopteris wallichiana déploie ses nouvelles frondes de manière tentaculaire jusqu'à plus de un mètre de hauteur.

Dryopteris wallichiana unfolds its new fronds, like tentacles, to reach more than a metre in height.

DOUBLE-PAGE SUIVANTES

Feuillages tendres des érables japonais 'Atropurpureum' (pourpre) et 'Ukigumo' (blanc) sur fond de fougères (*Matteuccia struthiopteris*).

FOLLOWING DOUBLE-PAGE SPREAD

Fresh leaves of *Acer palmatum* cultivars 'Atropurpureum' (purple) and 'Ukigumo' (white) set against ferns (*Matteuccia struthiopteris*).

CI-CONTRE

Partout, le sol des massifs est animé d'un tapis vivant mêlant toutes sortes de plantes : pulmonaires, sceau de Salomon, ail des ours, smyrnium, méconopsis…

OPPOSITE

Everywhere the borders are enlivened by a living carpet, mingling plants of all sorts: lungwort, Solomon's seal, wild garlic, smyrnium, Welsh poppies…

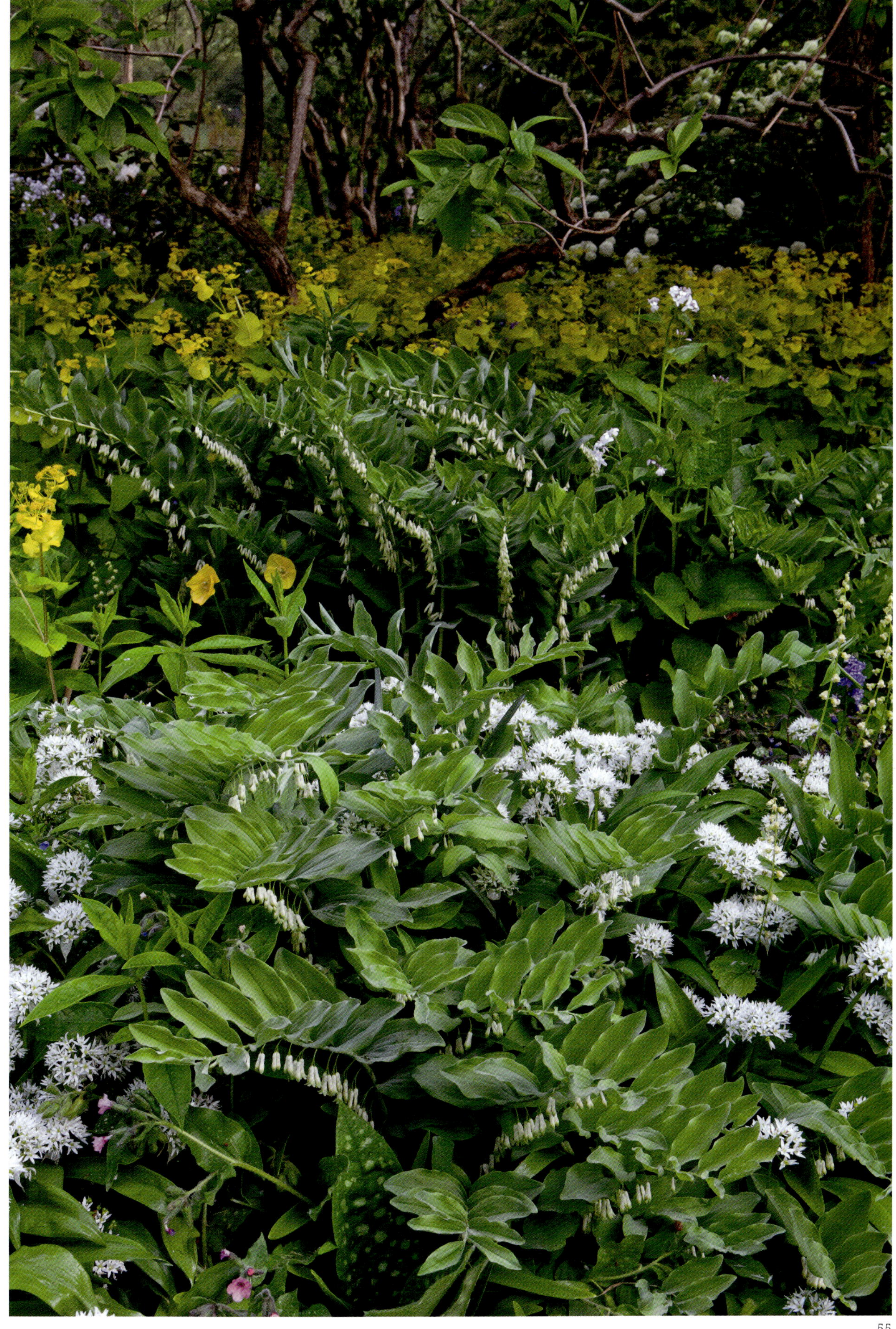

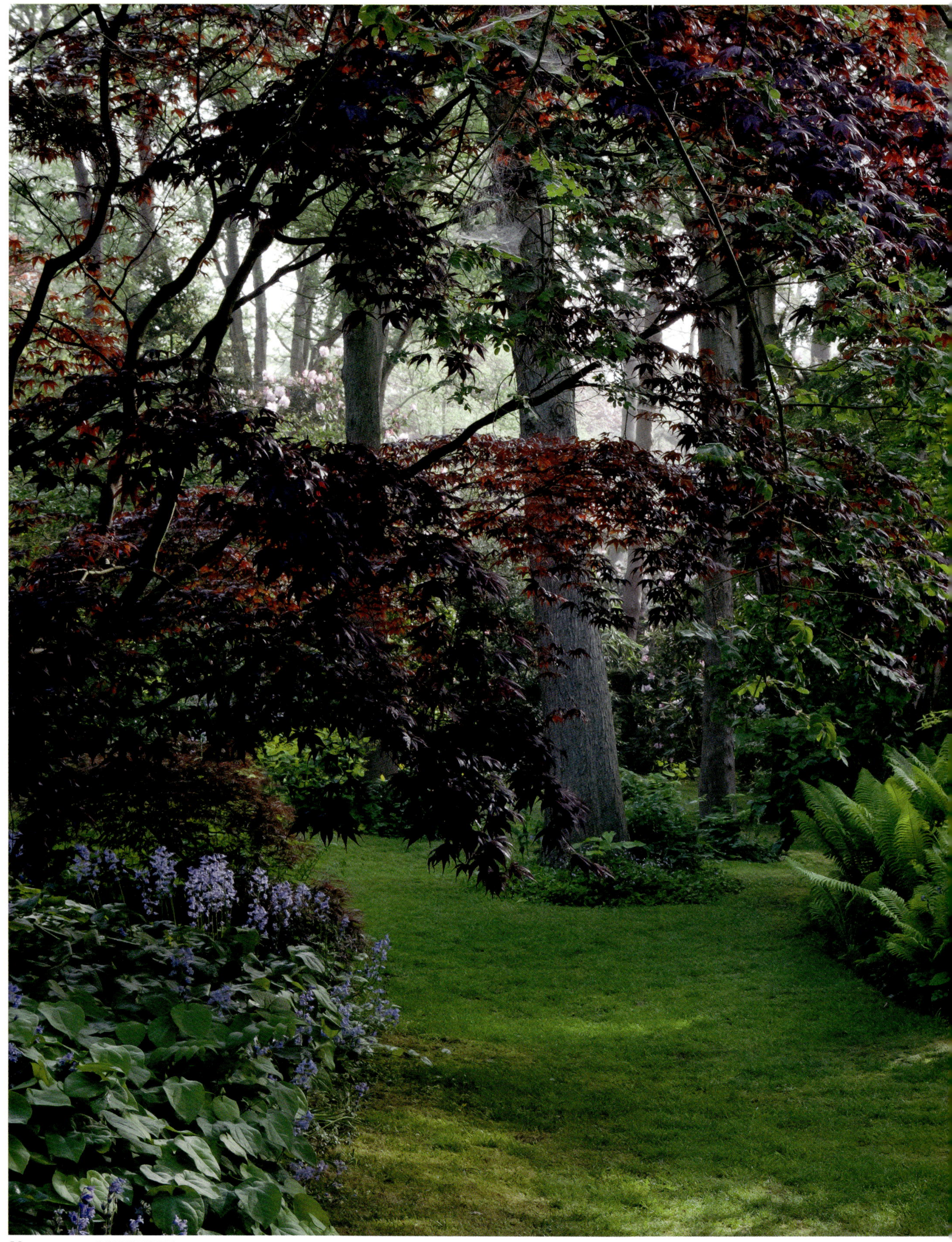

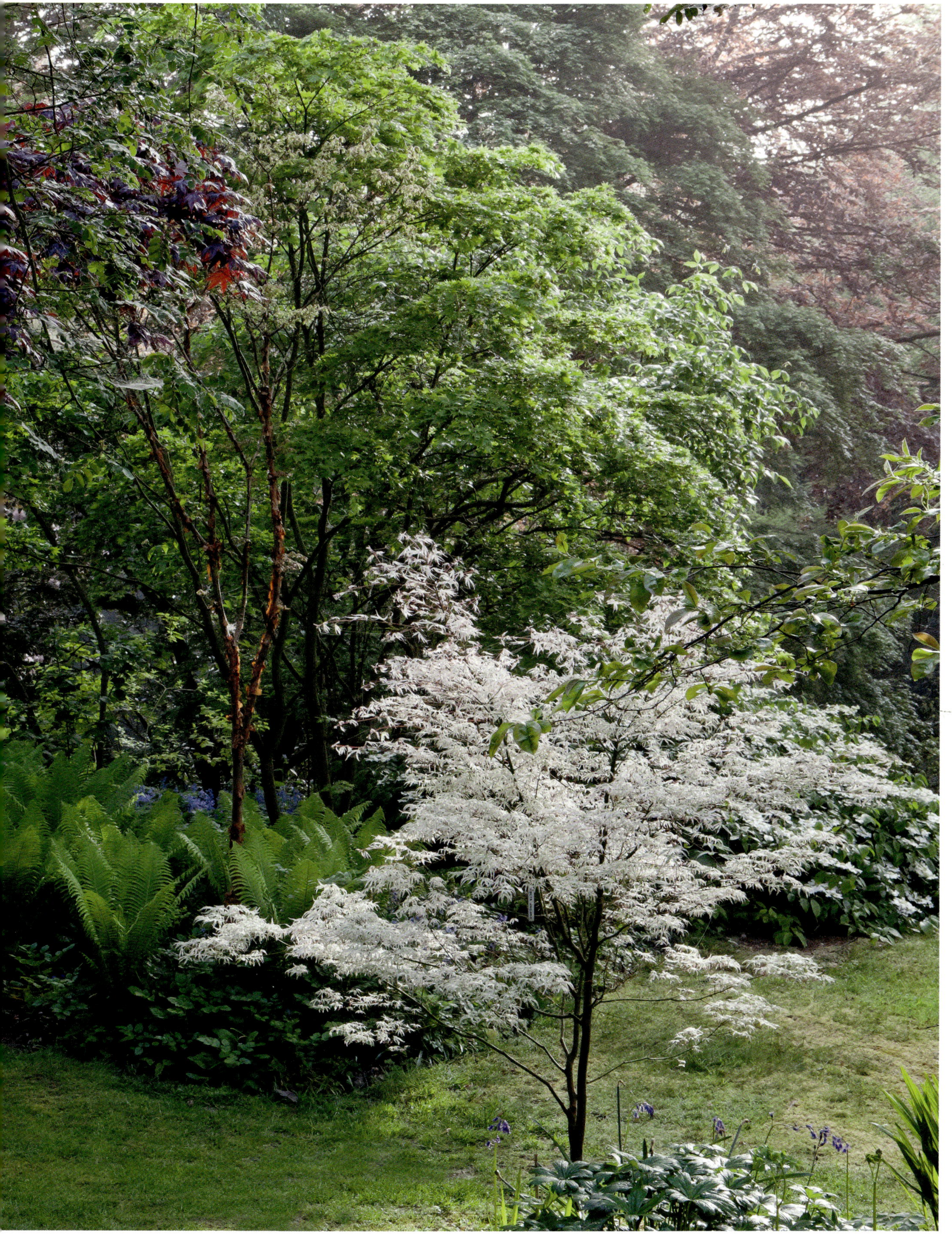

→ L'ÉTÉ

L'arrivée de l'été est presque imperceptible, car ici, la rosée ou les brumes matinales tempèrent les excès du soleil. Les feuillages verts ou colorés jouent avec les fleurs dont le nombre ne faiblit pas.
Au contraire : les premiers hydrangéas s'épanouissent dès juin, et la succession des dizaines de variétés ne prendra fin qu'à l'arrivée de l'automne.

SUMMER

This season arrives almost imperceptibly here, for the morning mists and dew temper the harsh sun. Foliage, green and coloured, complements the flowers that continue to appear. Their numbers seem undiminished; on the contrary, the first hydrangeas open in June, and the succession of dozens of varieties will not cease until autumn arrives.

Une belle coulée d'astilbes (*A. chinensis* var. *taquetii* 'Superba') sur fond d'*Hydrangea paniculata* 'Floribunda', vue depuis l'autre côté de la vallée.

A beautiful river of astilbes (*A. chinensis* var. *taquetii* 'Superba') set against *Hydrangea paniculata* 'Floribunda', seen from the other side of the valley.

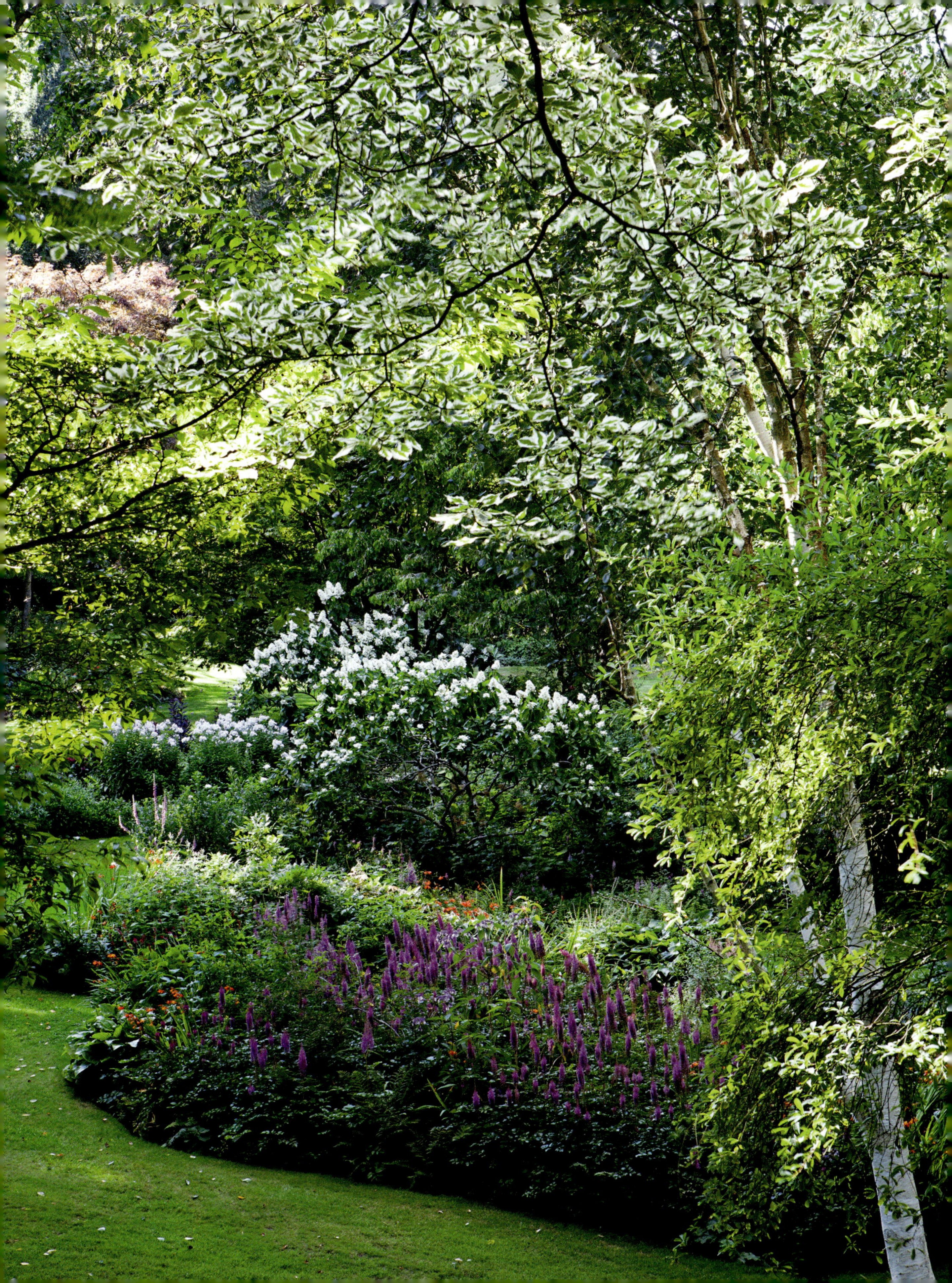

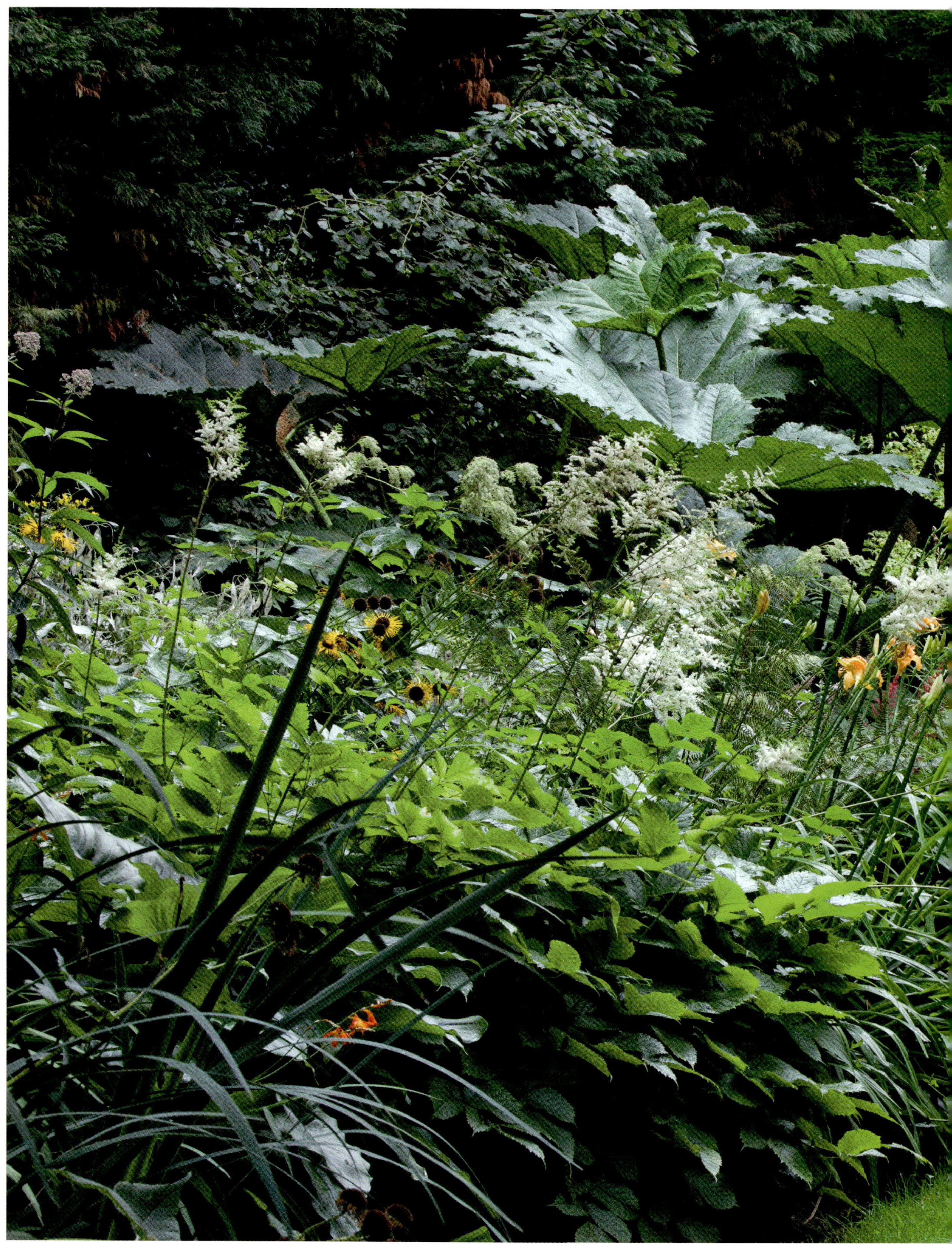

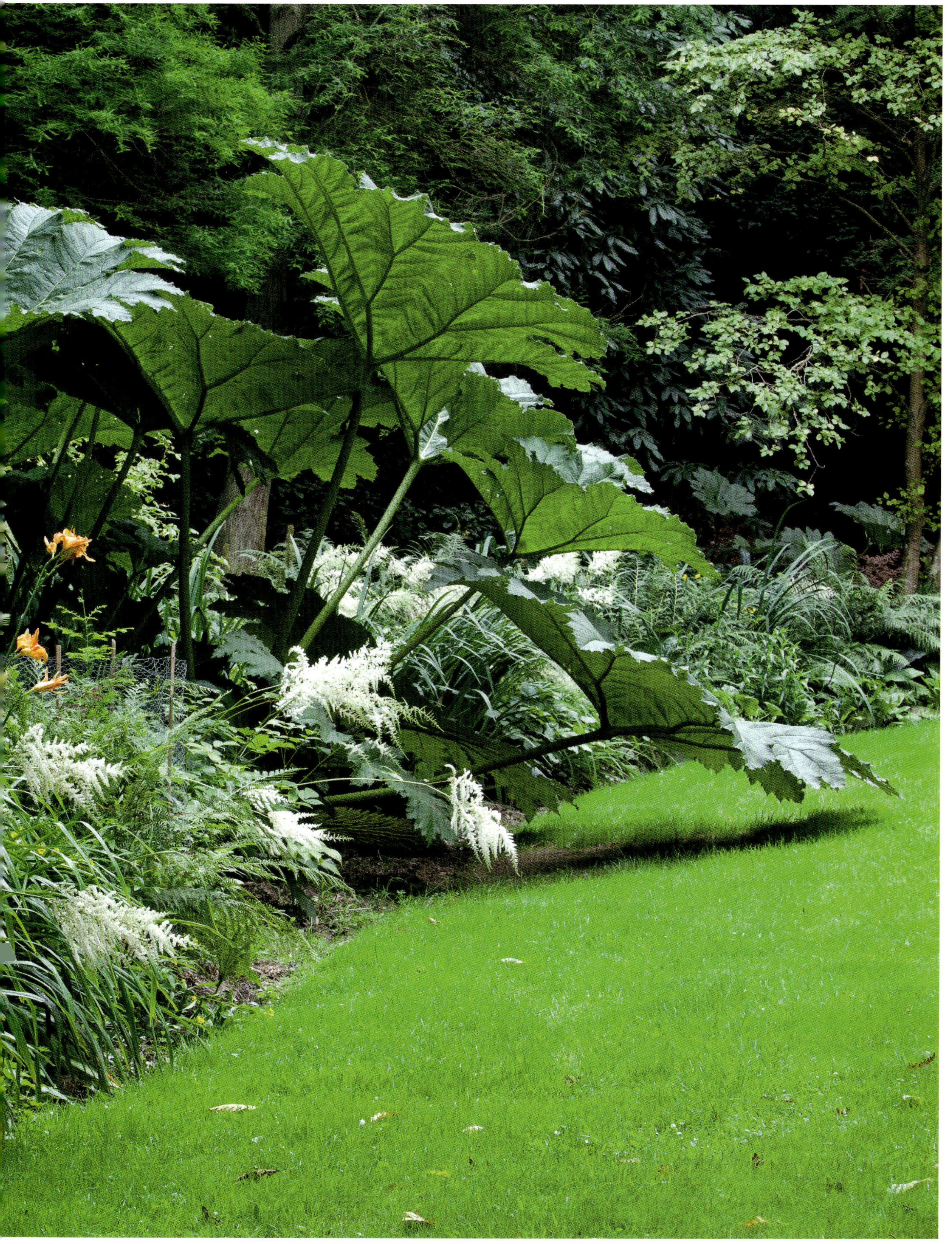

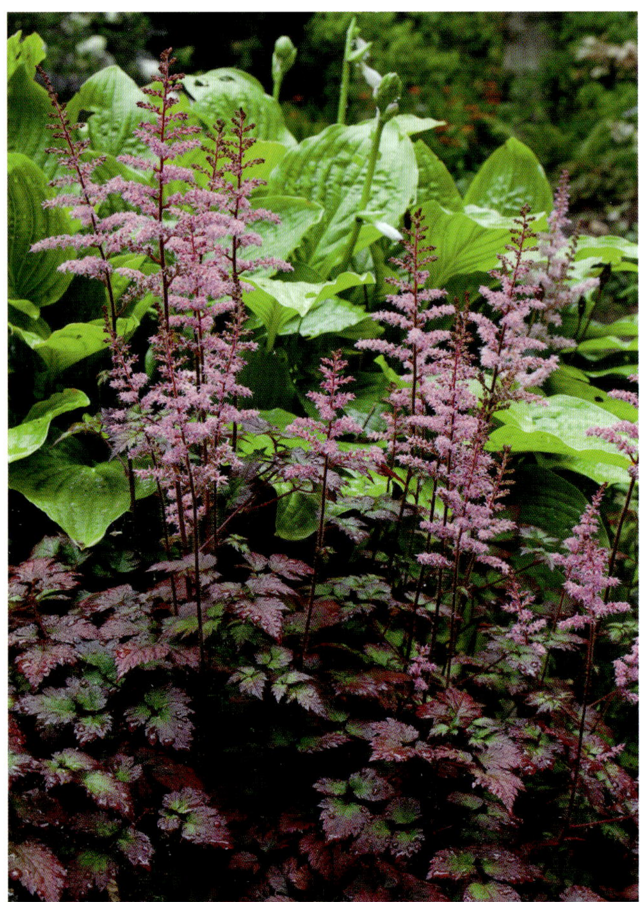

Astilbe 'Beauty of Ernst', au feuillage pourpre dès le printemps, contraste avec *Hosta* 'Royal Standard'.

Astilbe 'Beauty of Ernst', with purple foliage in spring, contrasts well with Hosta 'Royal Standard'.

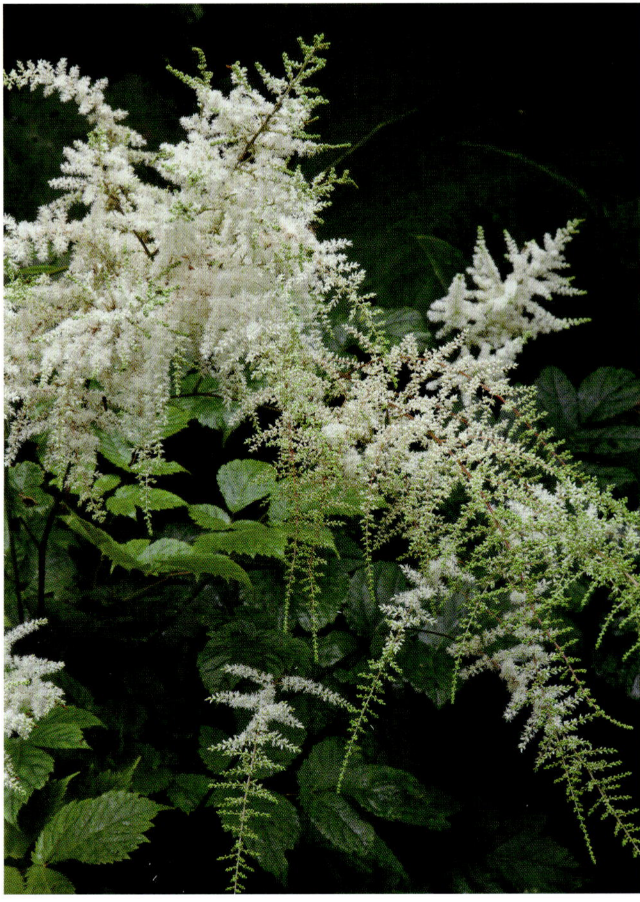

La majestueuse *Astilbe thunbergii* atteint de belles proportions, ses panaches blanc crème restent épanouis durant plusieurs semaines.

Majestic *Astilbe thunbergii* reaches a good size, its creamy white plumes blooming for several weeks.

DOUBLE-PAGE PRÉCÉDENTE

Le ruisseau offre un foisonnement de feuillages et de fleurs : astilbes, hémérocalles, hostas, et les géantes *Gunnera manicata* de plus de quatre mètres de haut.

PREVIOUS DOUBLE-PAGE SPREAD

The streamside harbours an abundance of foliage and flowers: astilbes, day lilies, hostas and gigantic *Gunnera manicata,* more than four metres in height.

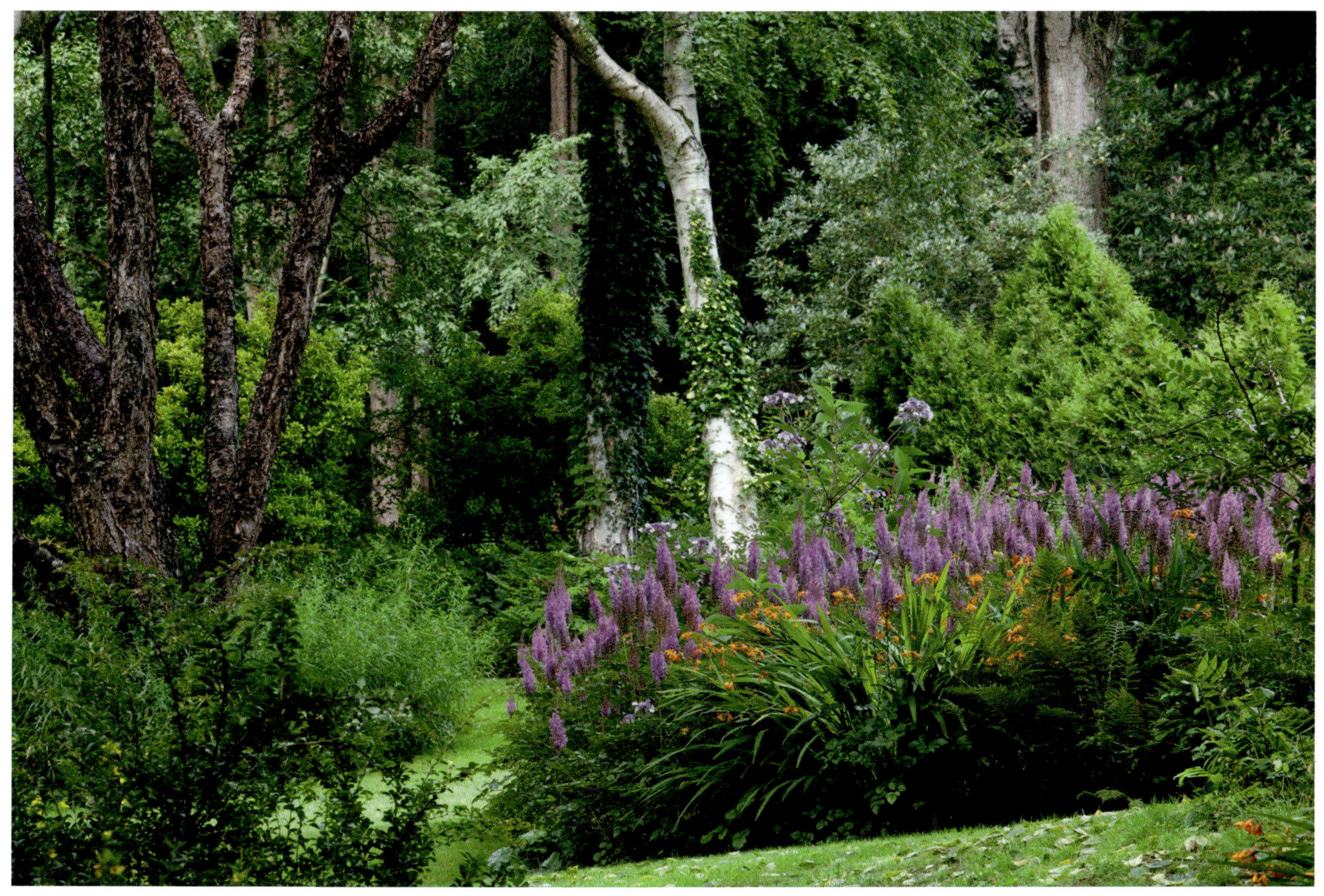

Une touffe de montbrétias orange (*Crocosmia* x *crocosmiiflora*) est venue spontanément se mêler aux astilbes, comme pour tonifier leur couleur.

A tuft of orange montbretias (*Crocosmia* x *crocosmiiflora*) has appeared spontaneously to mingle with the astilbes, as if to intensify their colour.

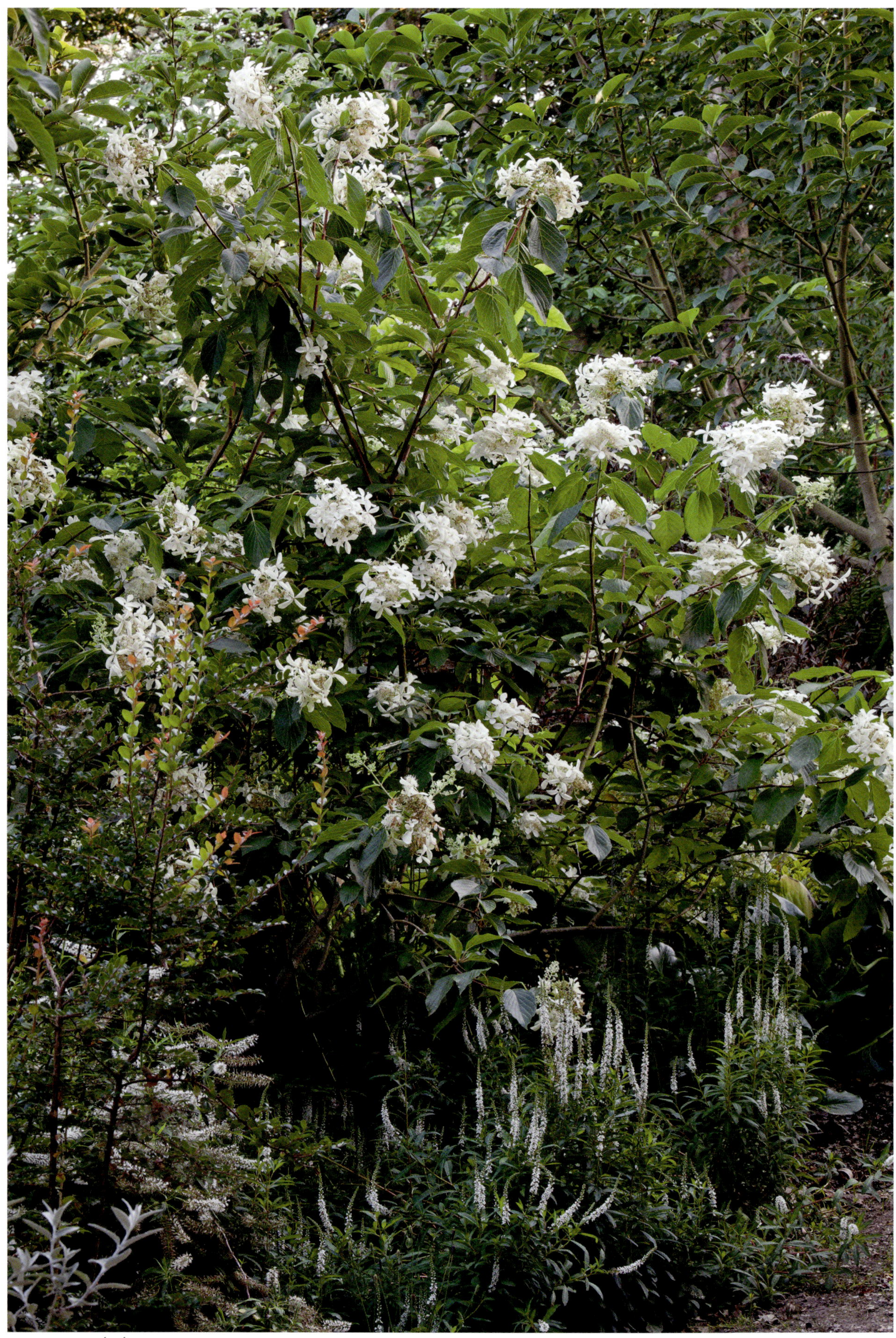

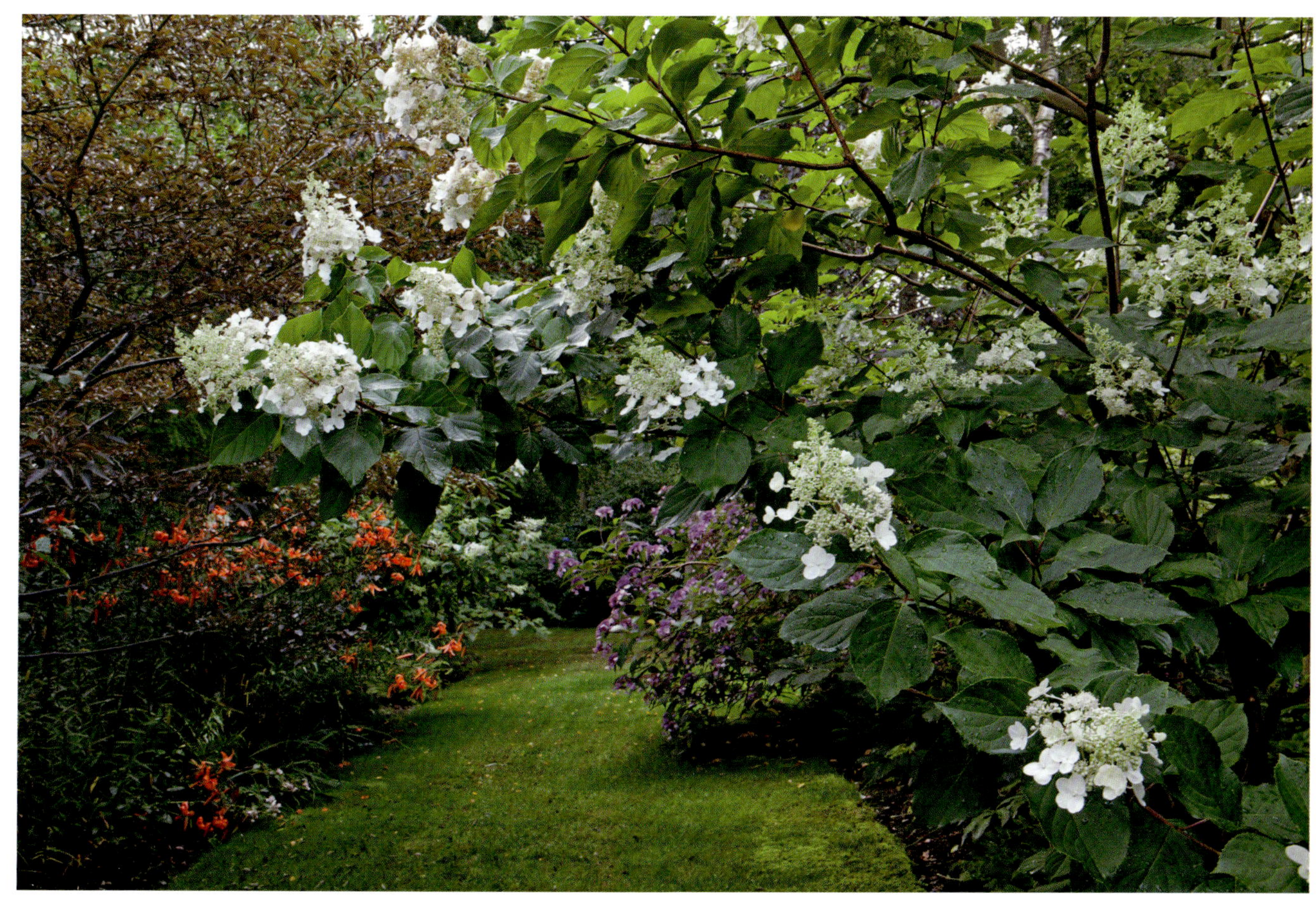

Un semis naturel de *Hydrangea paniculata* laisse entrevoir les grands lis (*Lilium superbum*) et l'hydrangéa 'Sam Mac Donald'.

A self-sown seedling of *Hydrangea paniculata* frames a view of tall lilies (*Lilium superbum*) and *H. aspera* 'Sam MacDonald'.

CI-CONTRE

GREAT STAR 'Le Vasterival' est l'une des dernières sélections de la Princesse Sturdza; un hydrangéa paniculé aux grandes fleurs ondulées, ici, avec *Lysimachia fortunei*.

OPPOSITE

GREAT STAR 'Le Vasterival' was one of the last selections to be made by Princess Sturdza; it is a paniculate hydrangea with large, wavy flowers, seen here with *Lysimachia fortunei*.

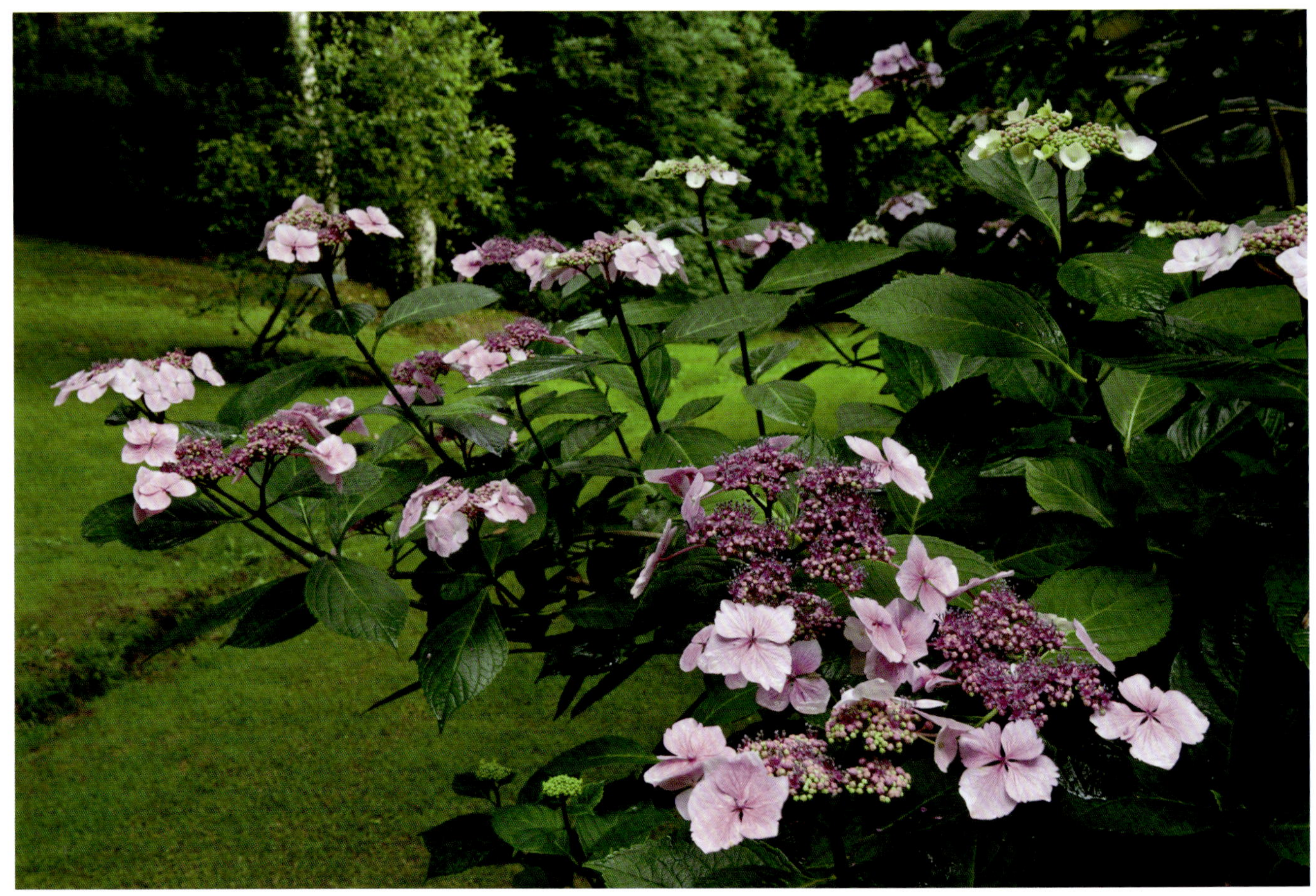

Dans un sol acide comme au Vasterival, avoir des hortensias roses est très difficile ! 'Rose Vasterival' a été sélectionné ici pour cette particularité.

In an acid soil such as that found at le Vasterival, it is very difficult to have pink hydrangeas! So *H. macrophylla* 'Rose Vasterival' was selected here for that very reason.

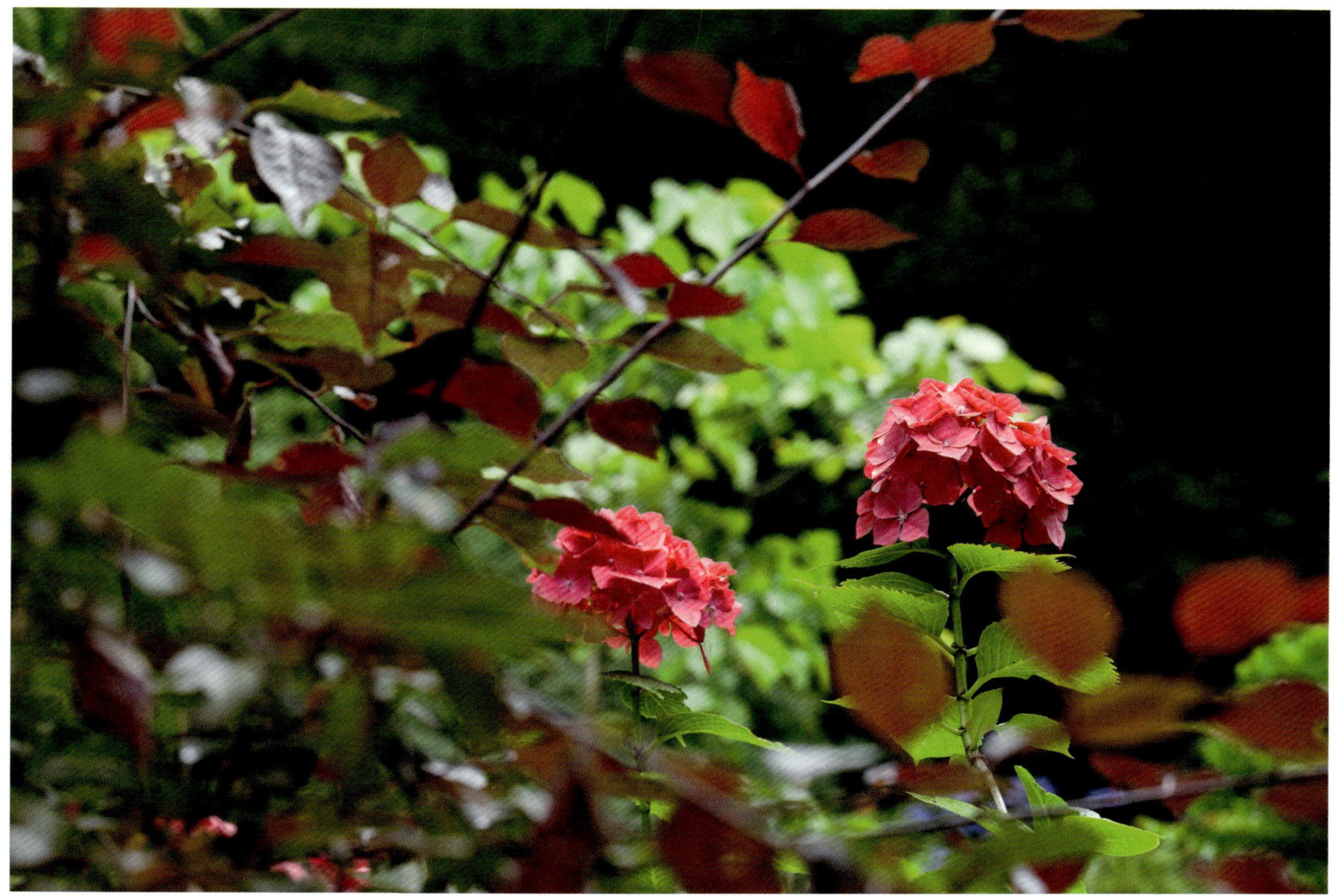

Pas facile de marier la couleur intense de 'Leuchtfeuer', sauf avec un feuillage pourpre (*Prunus cerasifera* 'Hollywood').

The intense colour of 'Leuchtfeuer' is difficult to place, except with purple foliage (*Prunus cerasifera* 'Hollywood').

DOUBLE-PAGE SUIVANTE

Au sommet du jardin, un grand massif d'*Hydrangea macrophylla* 'Blanc-Bleu Vasterival', une amélioration de 'Veitchii', sélectionnée par la Princesse, répond au bleu des cèdres et des autres hortensias dans le lointain.

DOUBLE-PAGE SPREAD OVERLEAF

At the top of the garden, a large bed of *Hydrangea macrophylla* 'Blanc-Bleu Vasterival', an improved 'Veitchii' selected by the Princess, reflects the blue of the cedars and other hydrangeas in the distance.

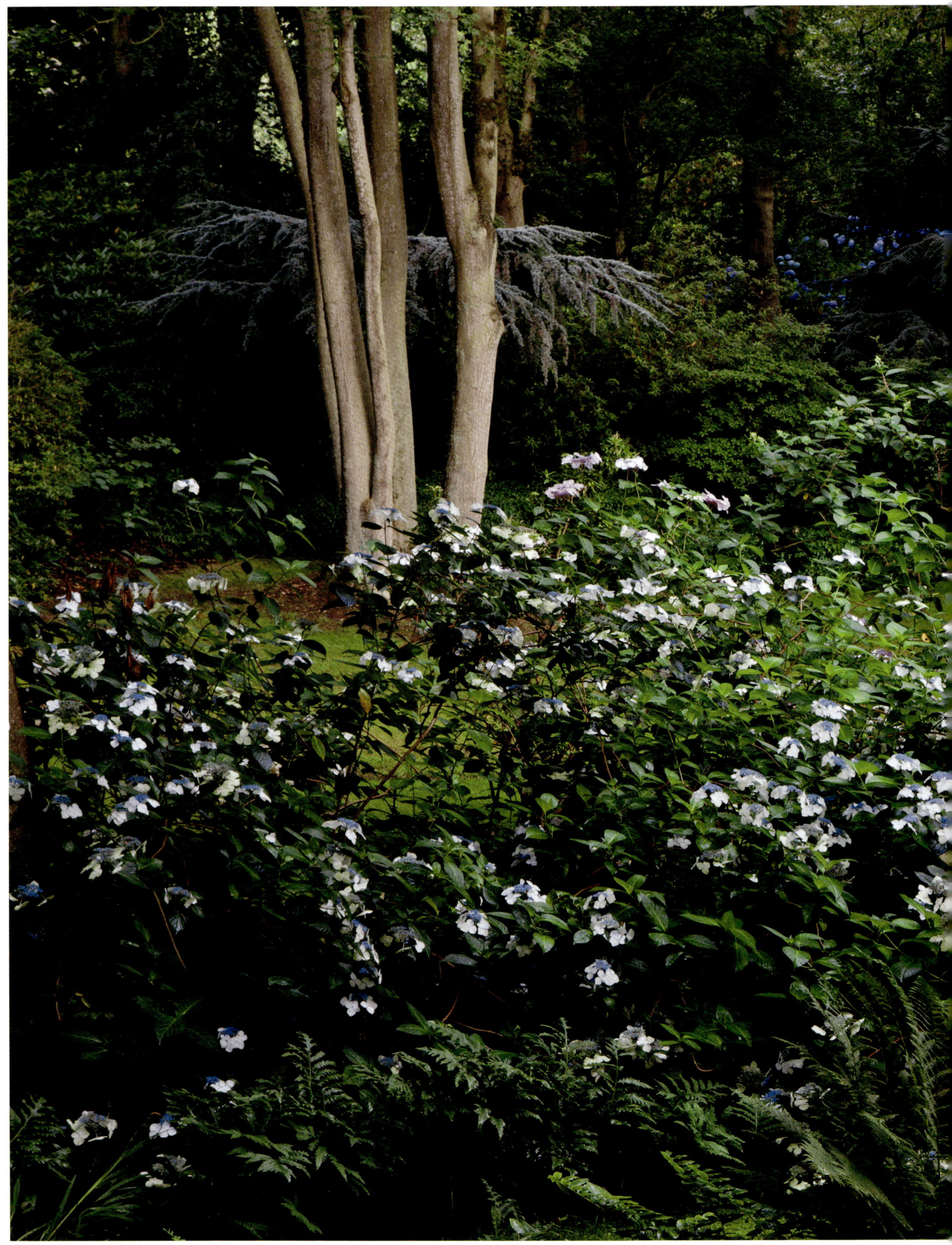

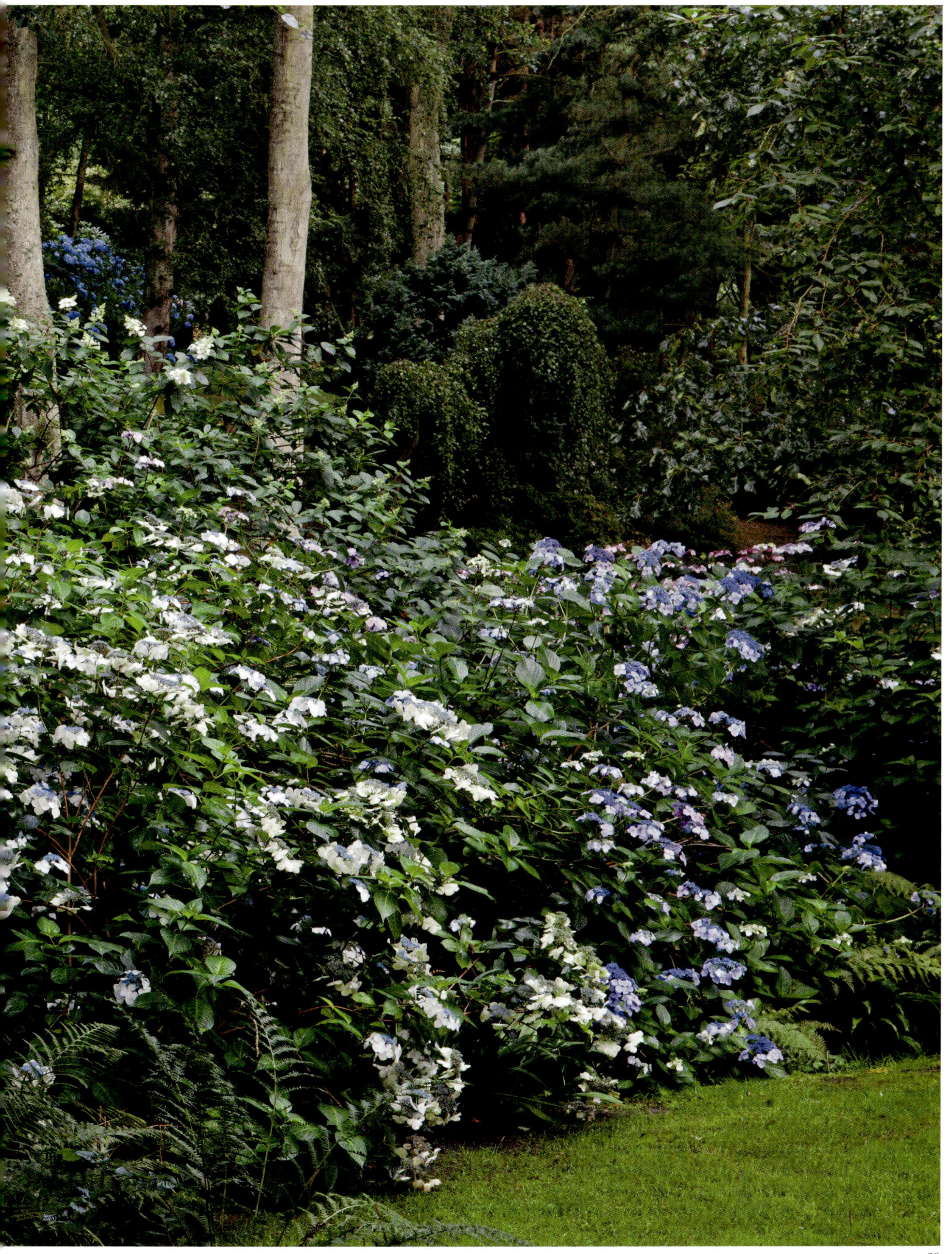

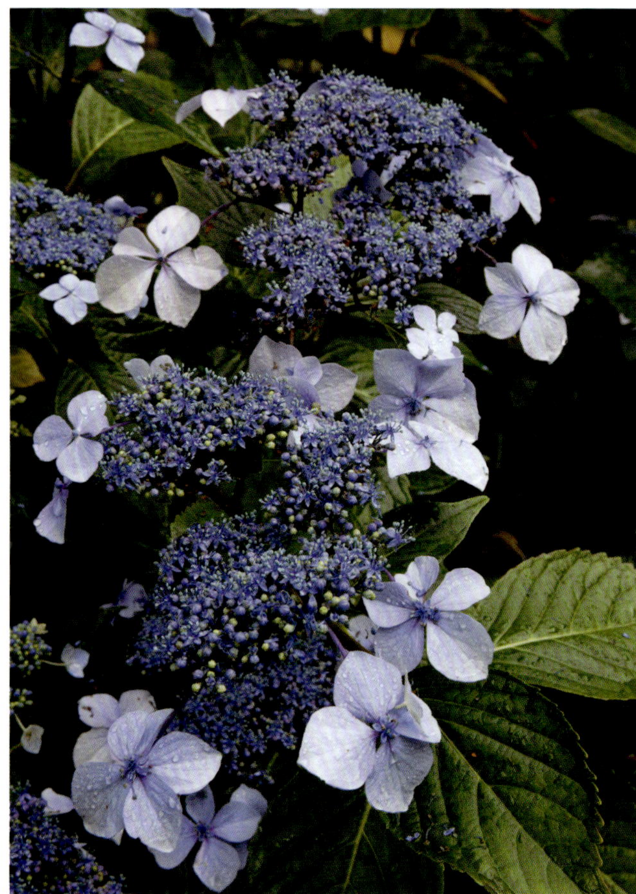

'Bleu-Bleu Vasterival' est une amélioration bien plus florifère de 'Blue Wave' (syn. 'Mariesii Perfecta'), comptant plus de fleurs stériles.

Hydrangea macrophylla 'Bleu-Bleu Vasterival' is a great improvement on 'Mariesii Perfecta' (syn. 'Blue Wave'), having far more of the showy sterile florets.

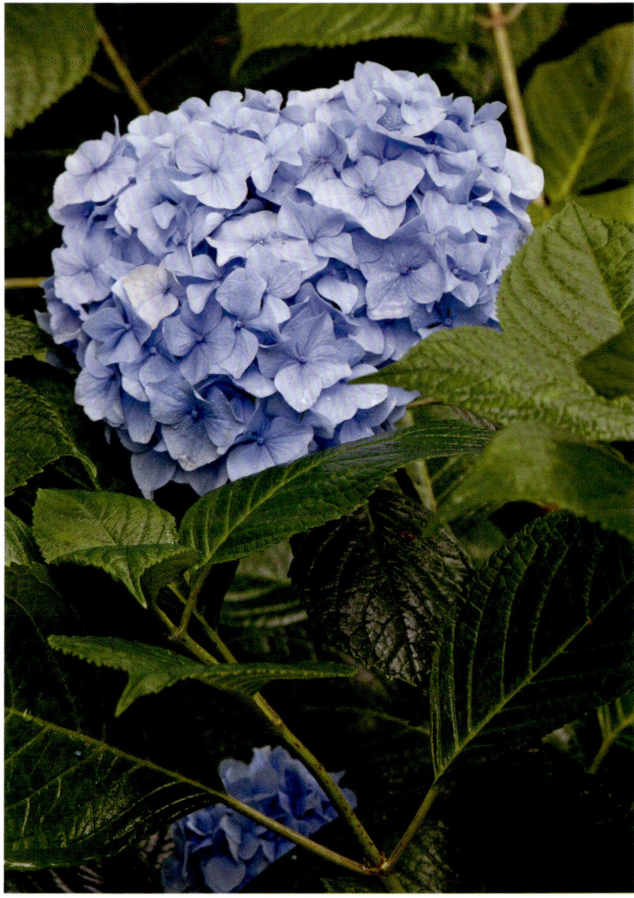

Ces têtes d'une bleu formidable appartiennent à une amélioration de 'Générale Vicomtesse de Vibraye', qui n'est pas encore nommée.

These fantastic blue flowerheads belong to our own selection, an improved version of 'Générale Vicomtesse de Vibraye', as yet unnamed.

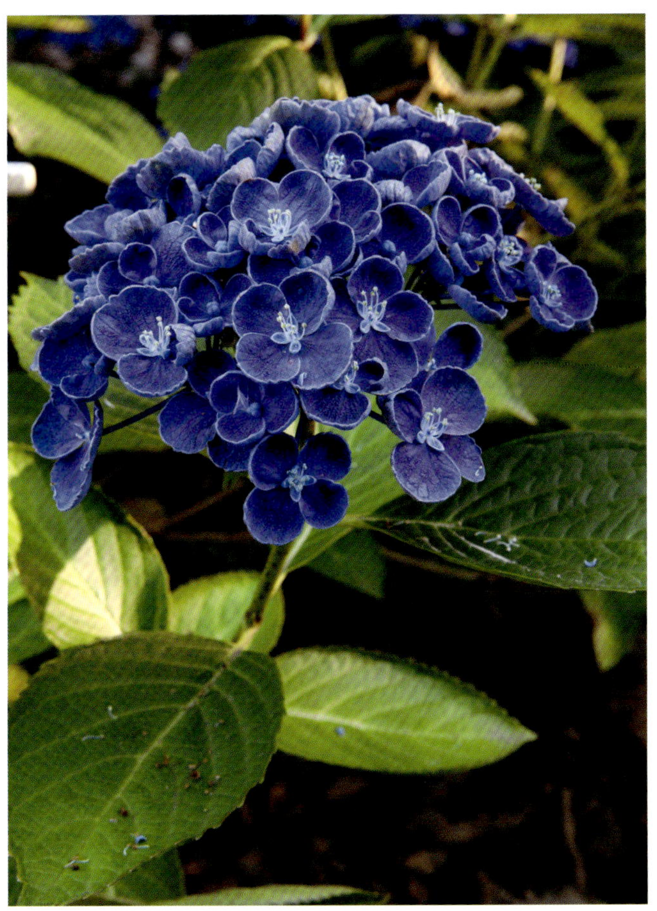

HOVARIA 'Hopcorn' est une nouveauté très attrayante pour la forme de ses fleurs, son port nain et compact, et sa teinte violacée intense.

HOVARIA 'Hopcorn', a novelty, is attractive for several reasons: the unusual shape of its flowers; its compact, dwarf habit; and its intense purplish hue.

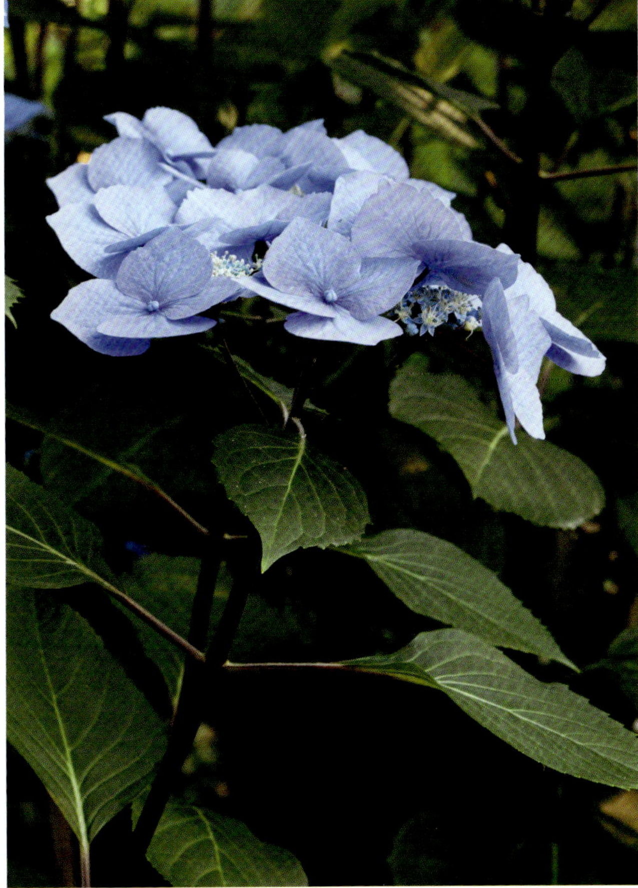

'Zorro' se remarque au premier coup d'œil
grâce à ses rameaux laqués de noir,
qui mettent en relief les grandes fleurs bleues.

'Zorro' stands out at a single glance
thanks to its beautiful black stems, which
serve to highlight the large blue flowers.

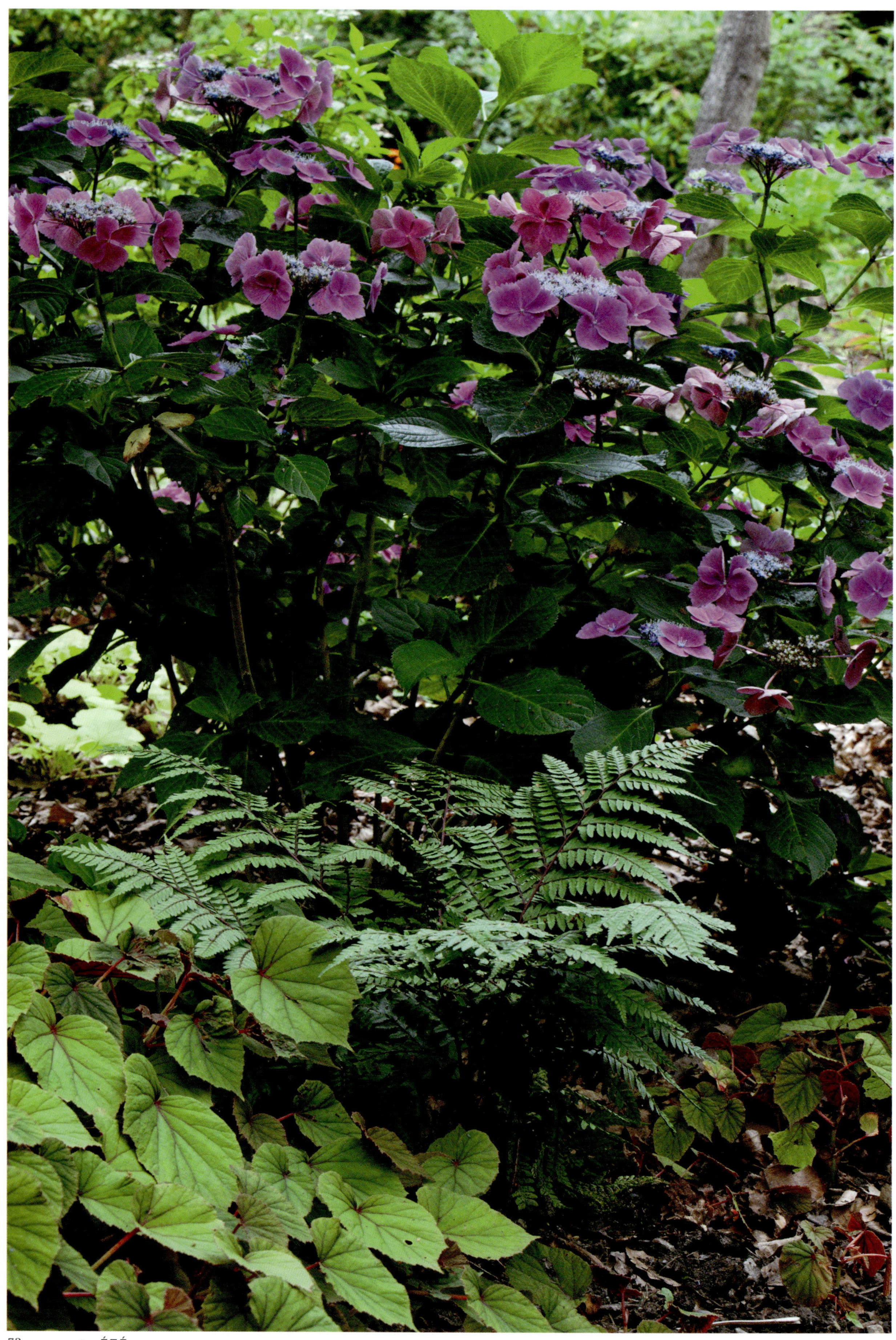

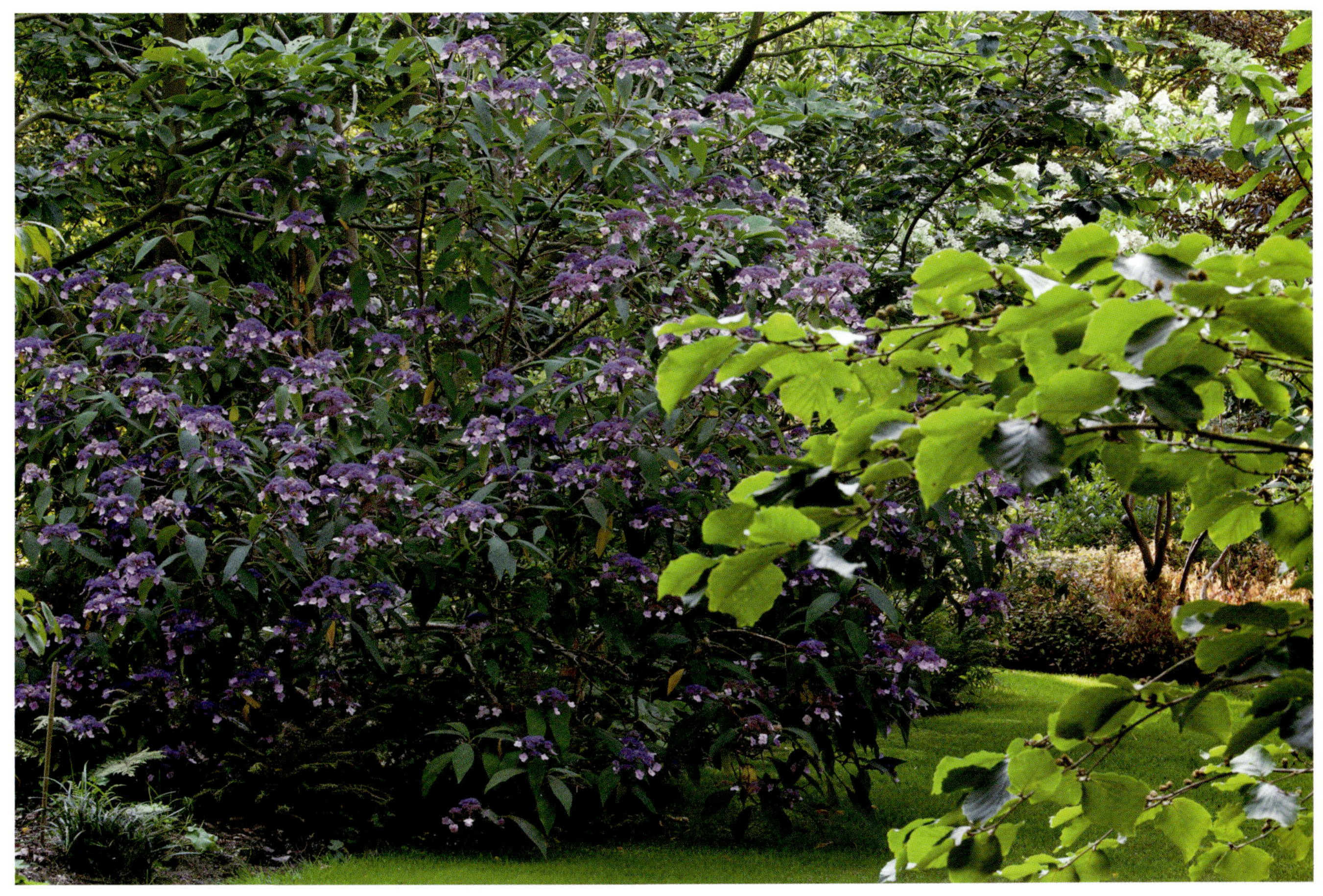

Hydrangea aspera 'Sam Mac Donald' surpasse toutes les autres variétés de ce type pour l'intensité de ses couleurs et sa floribondité.

With its intensity of colour and its abundance of flower, *Hydrangea aspera* 'Sam MacDonald' outshines all other cultivars of this kind.

CI-CONTRE

'Buchfink' est remarquable pour son port bas et son caractère très florifère. Il est accompagné de la fougère *Athyrium otophorum* 'Okanum' et de *Begonia grandis*.

OPPOSITE

'Buchfink', notable for its low stature and highly floriferous nature, is seen here with a fern, *Athyrium otophorum* var. *okanum*, and *Begonia grandis*.

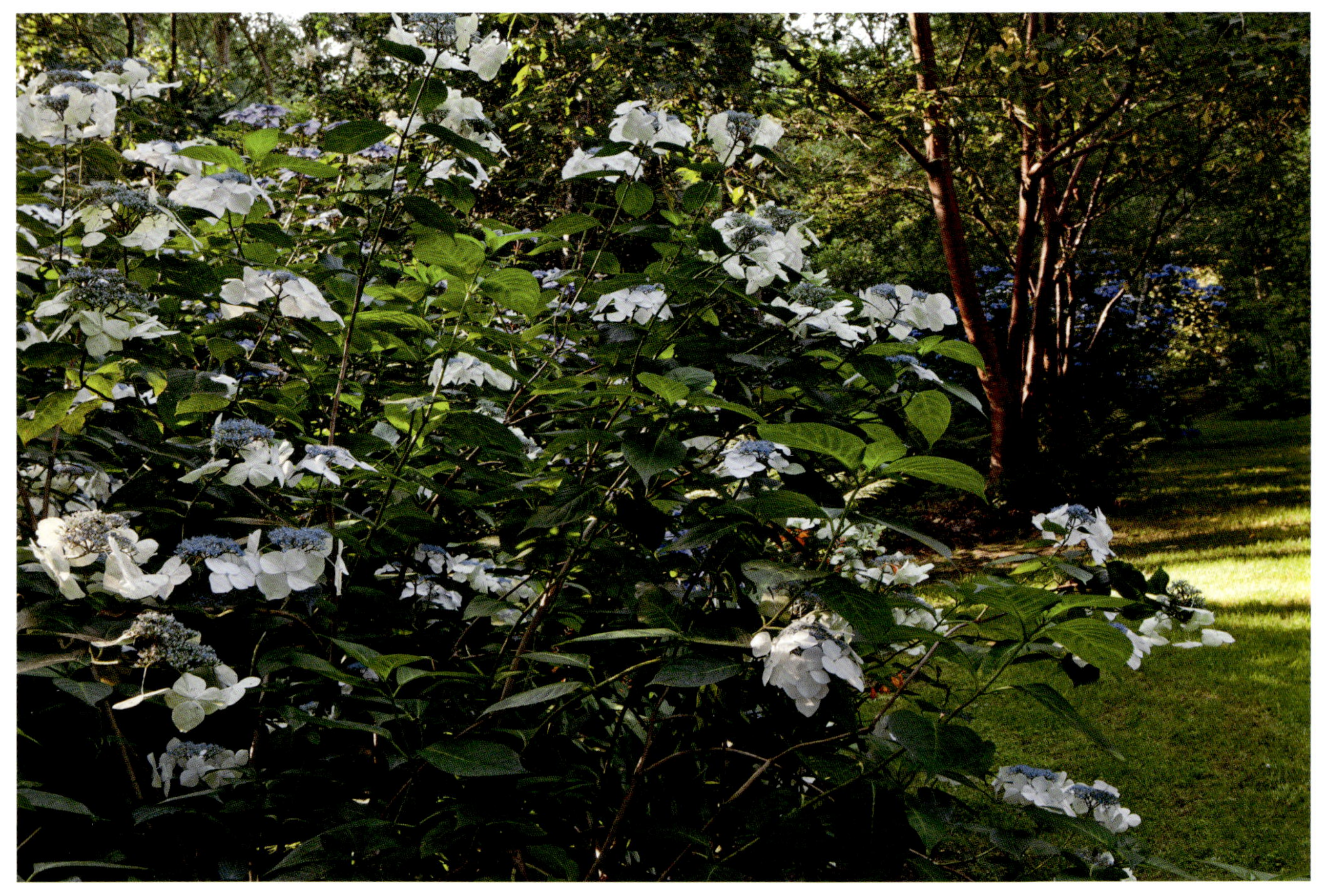

Détail de 'Blanc-Bleu Vasterival', aux très grandes fleurs stériles blanches entourant un cœur bleu soutenu. Au loin, *Prunus maackii*.

The very large, white, sterile florets of 'Blanc-Bleu Vasterival' surround an intense blue centre. In the distance is *Prunus maackii*.

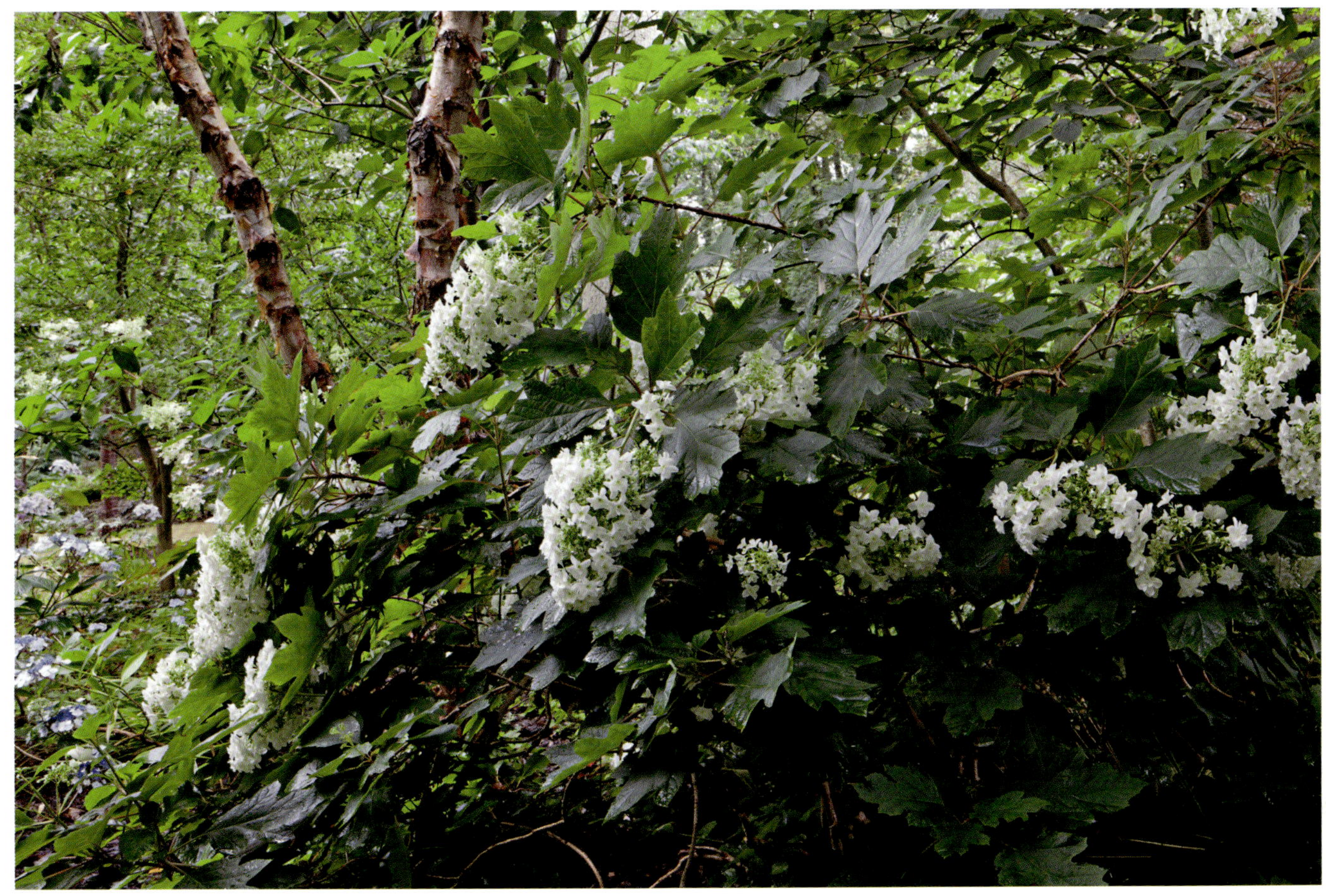

Hydrangea quercifolia 'Snowflake' encore bien blanc au début de floraison, avant que ses fleurs rosissent et s'harmonisent à l'écorce du *Betula nigra*.

Hydrangea quercifolia 'Snowflake' has white blooms as its flowering begins; later they will turn pink and harmonise with the bark of *Betula nigra*.

DOUBLE-PAGE SUIVANTE

La taille de transparence appliquée à cet *Acer palmatum* 'Ōsakazuki' permet à toutes sortes de plantes de vivre au-dessous, mais aussi de voir ce qui se passe derrière.

DOUBLE-PAGE SPREAD OVERLEAF

The pruning for "transparency" applied to this *Acer palmatum* 'Ōsakazuki' lets all sorts of plants grow under it, as well as allowing tantalising glimpses through it.

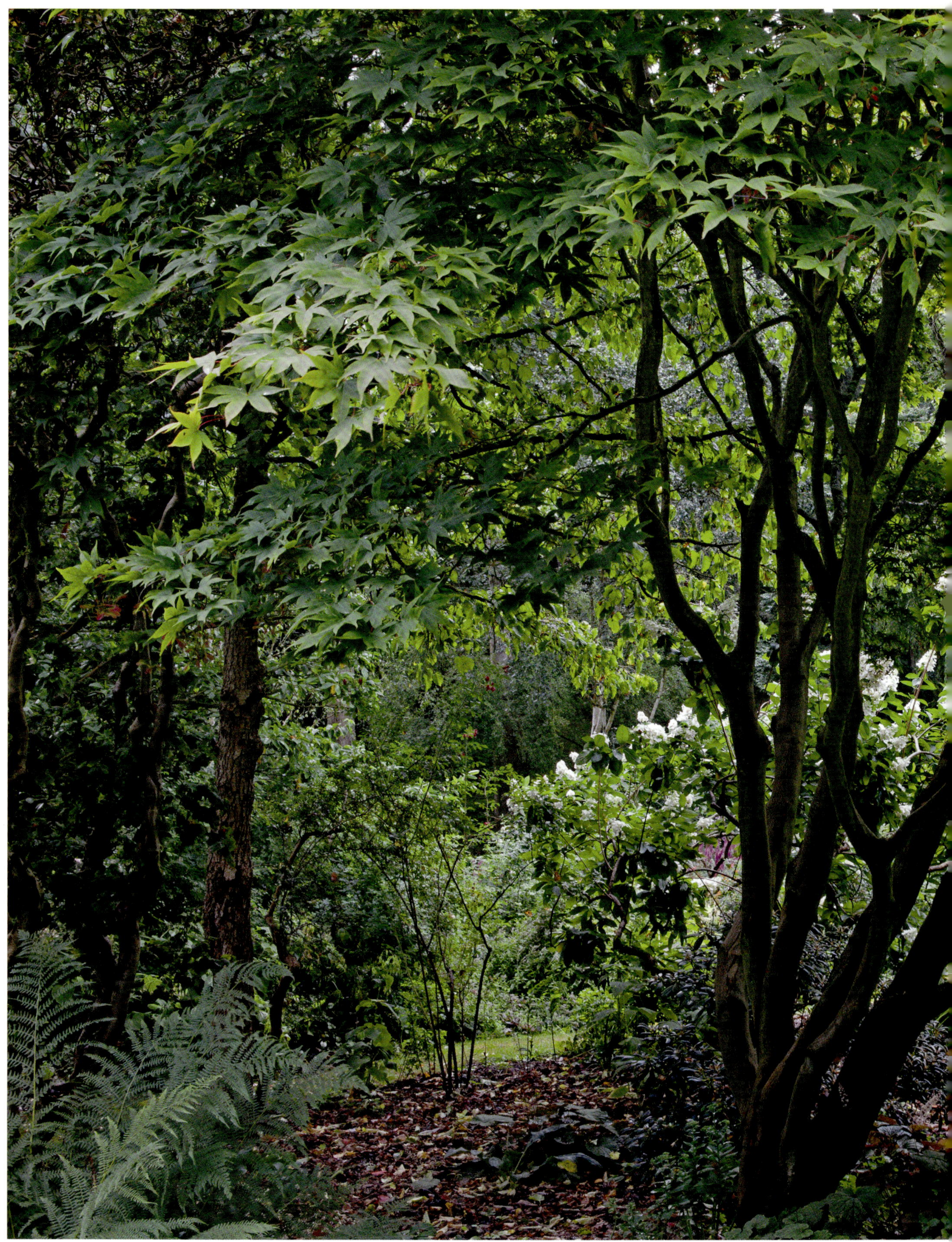

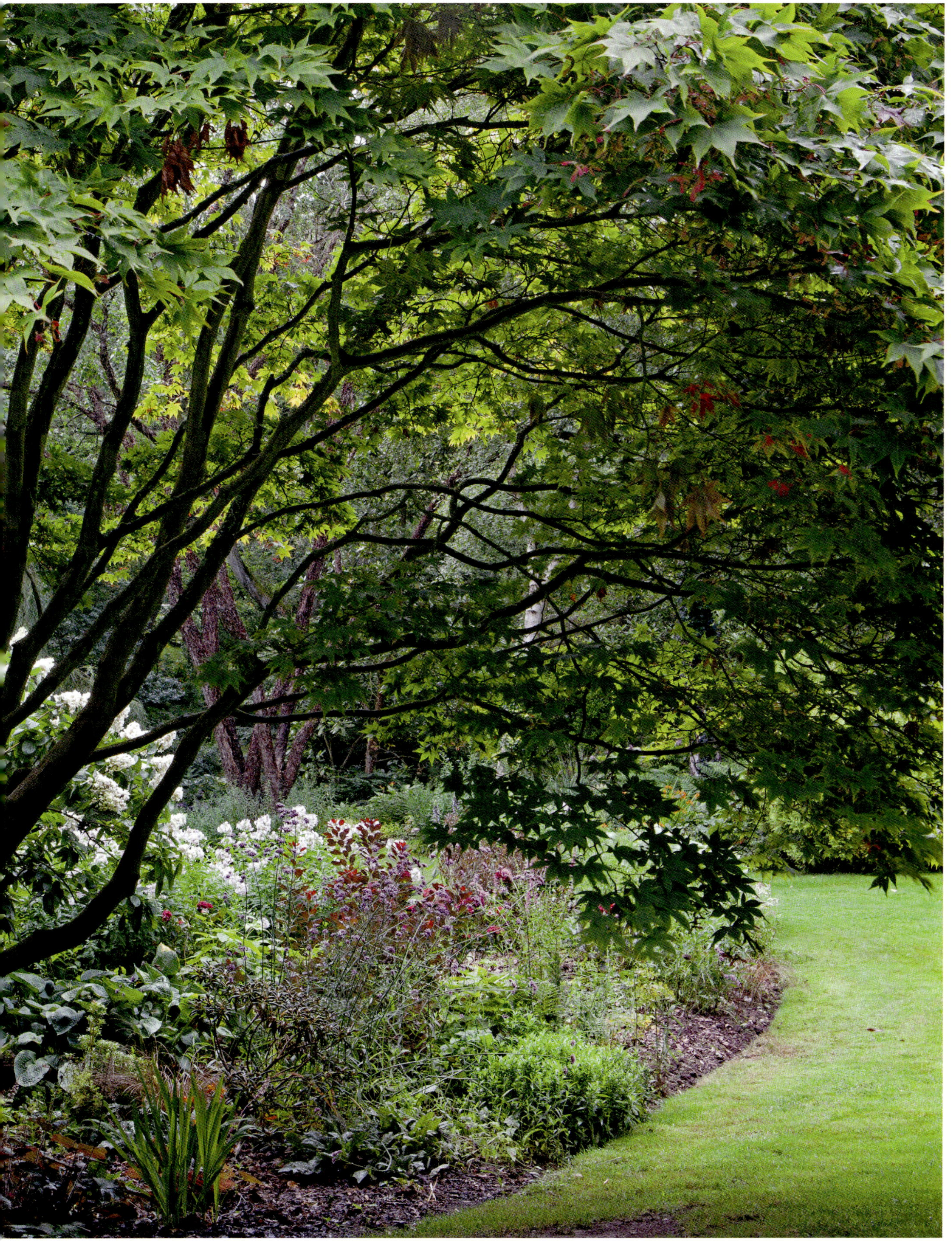

→ L'AUTOMNE

Si les premières couleurs d'automne marquent certains érables dès la fin août, leurs feuilles rutilantes attendent bien souvent la mi-novembre, voire même la mi-décembre pour tomber. Cela donne donc au moins trois mois d'un feu d'artifice changeant sans cesse, grâce à la diversité des espèces et des variétés, mais aussi des situations savamment exploitées.

AUTUMN

While certain maples begin to display the first autumn colours in late August, their glowing leaves often wait until mid-November, or even mid-December, before falling. This provides a constantly-changing firework display for at least three months, thanks to the diverse range of species and varieties, and the wise use of planting sites.

Les feuilles rouges de l'*Acer palmatum* 'Ōsakazuki' contrastent avec le feuillage blanc du *Cornus controversa* 'Variegata' et le tronc blanc du *Betula utilis* var. *jacquemontii* déjà dépouillé.

The red leaves of *Acer palmatum* 'Ōsakazuki' contrast with the white foliage of *Cornus controversa* 'Variegata' and the white trunk of an already bare *Betula utilis* var. *jacquemontii*.

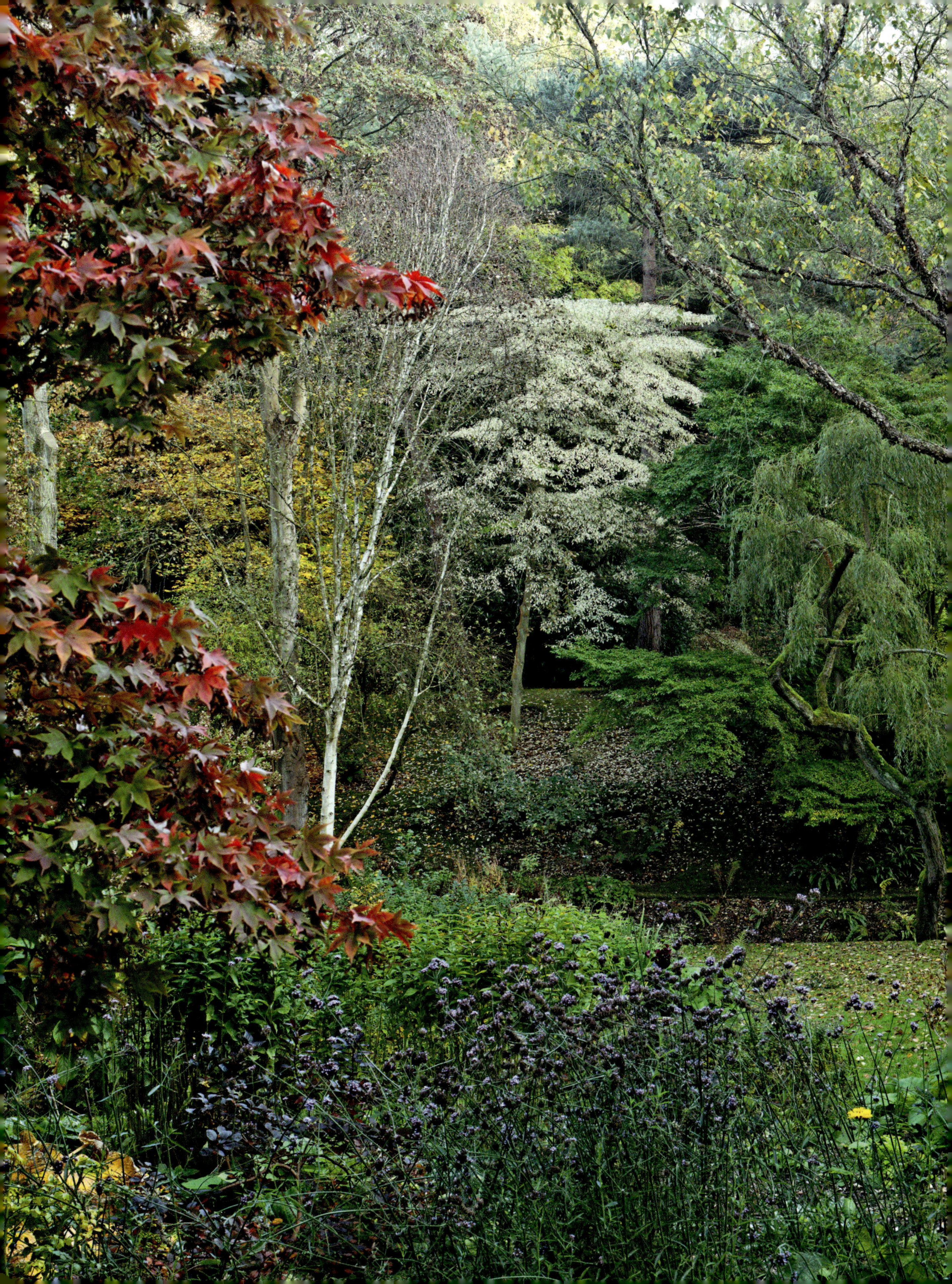

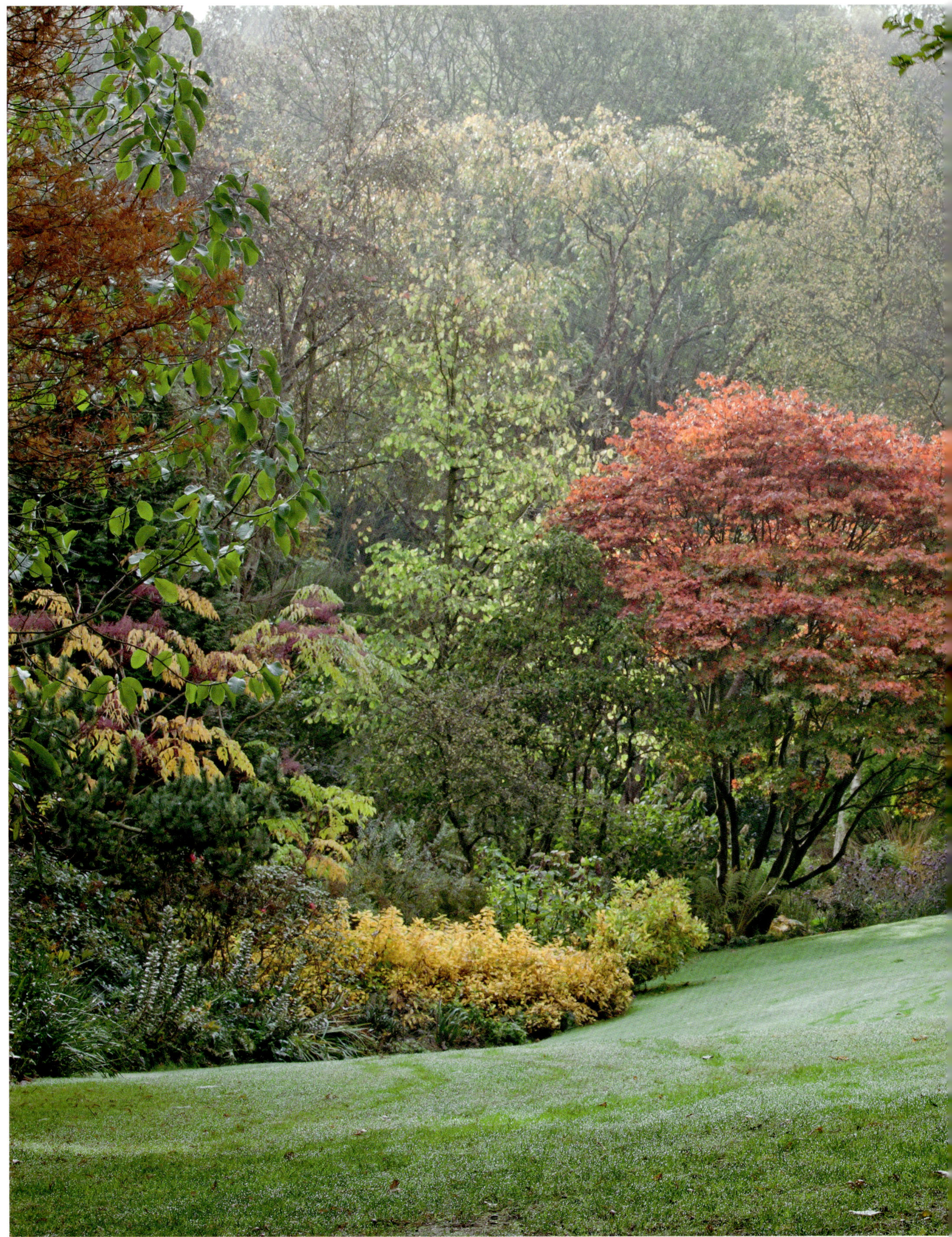

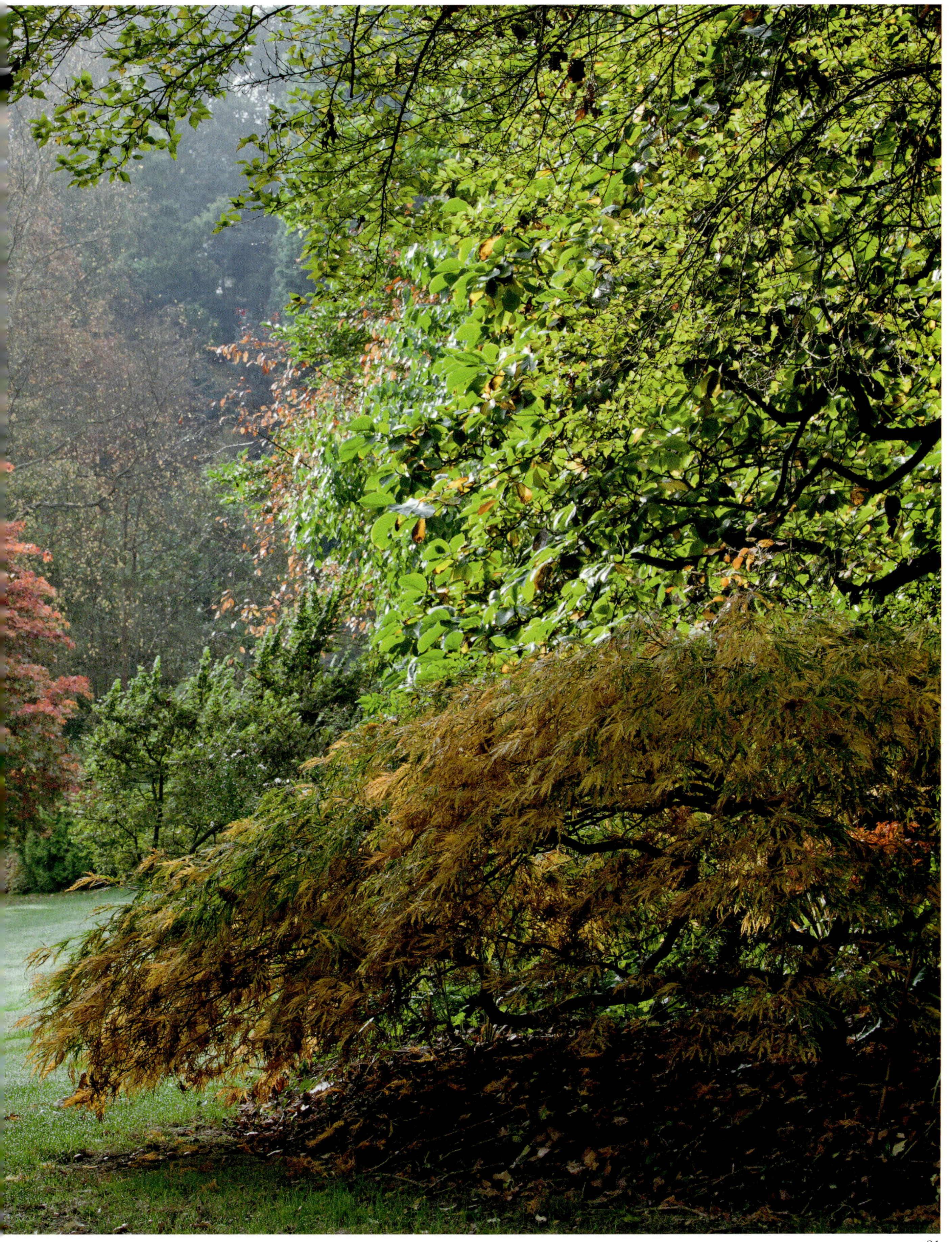

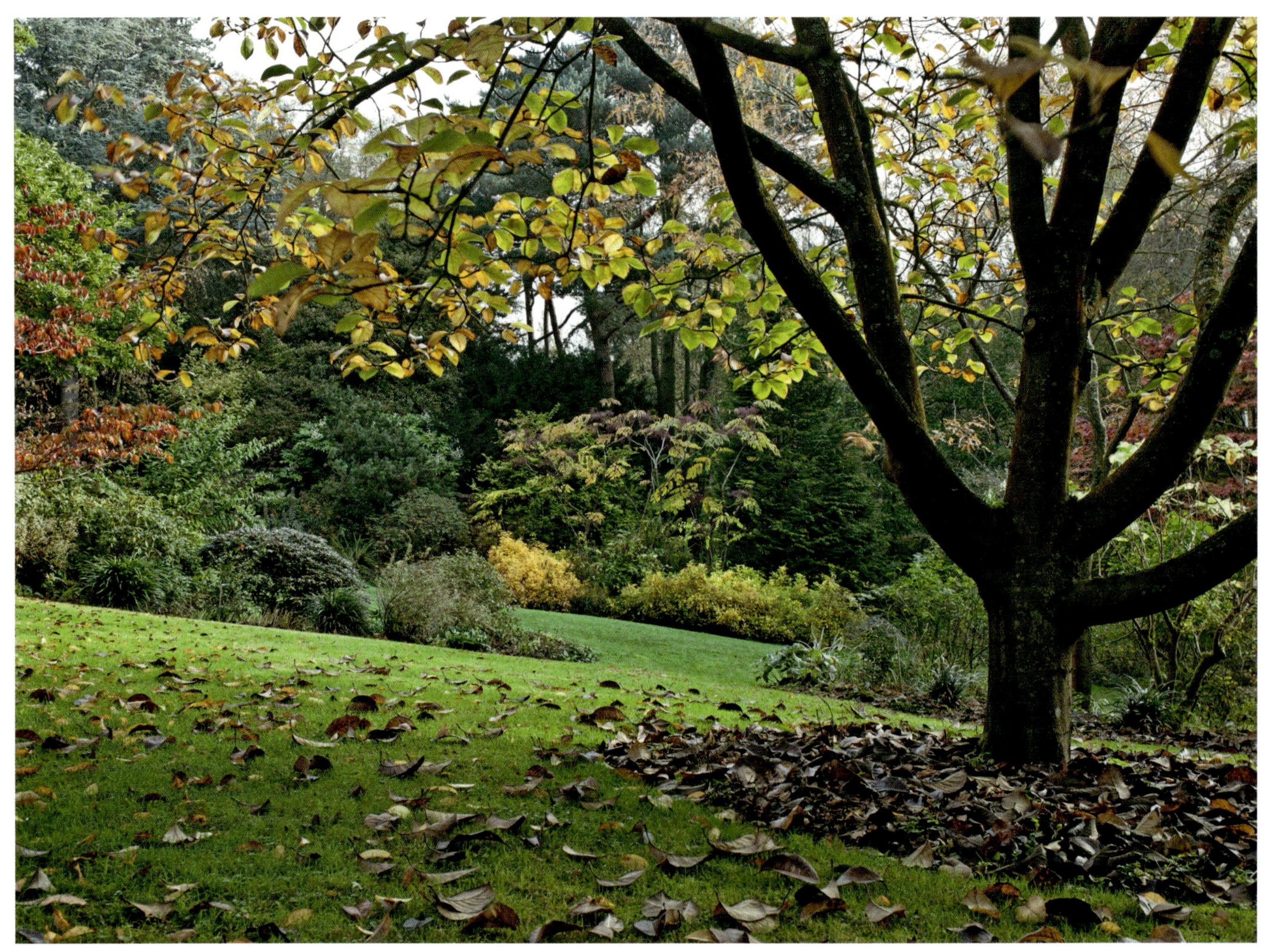

Sous le *Magnolia* 'Iolanthe', le regard glisse jusqu'aux *Aralia elata* entourés de *Clethra alnifolia* entièrement jaunes.

Aralia elata, surrounded by completely yellow *Clethra alnifolia,* catches the eye beyond a large *Magnolia* 'Iolanthe'.

DOUBLE-PAGE PRÉCÉDENTE

En octobre, 'Ōsakazuki' capte tous les regards dans la vallée. Au premier plan, un *Acer palmatum* 'Dissectum'.

PREVIOUS DOUBLE-PAGE SPREAD

In October, 'Ōsakazuki' steals the show in the valley. In the foreground is an *Acer palmatum* var. *dissectum.*

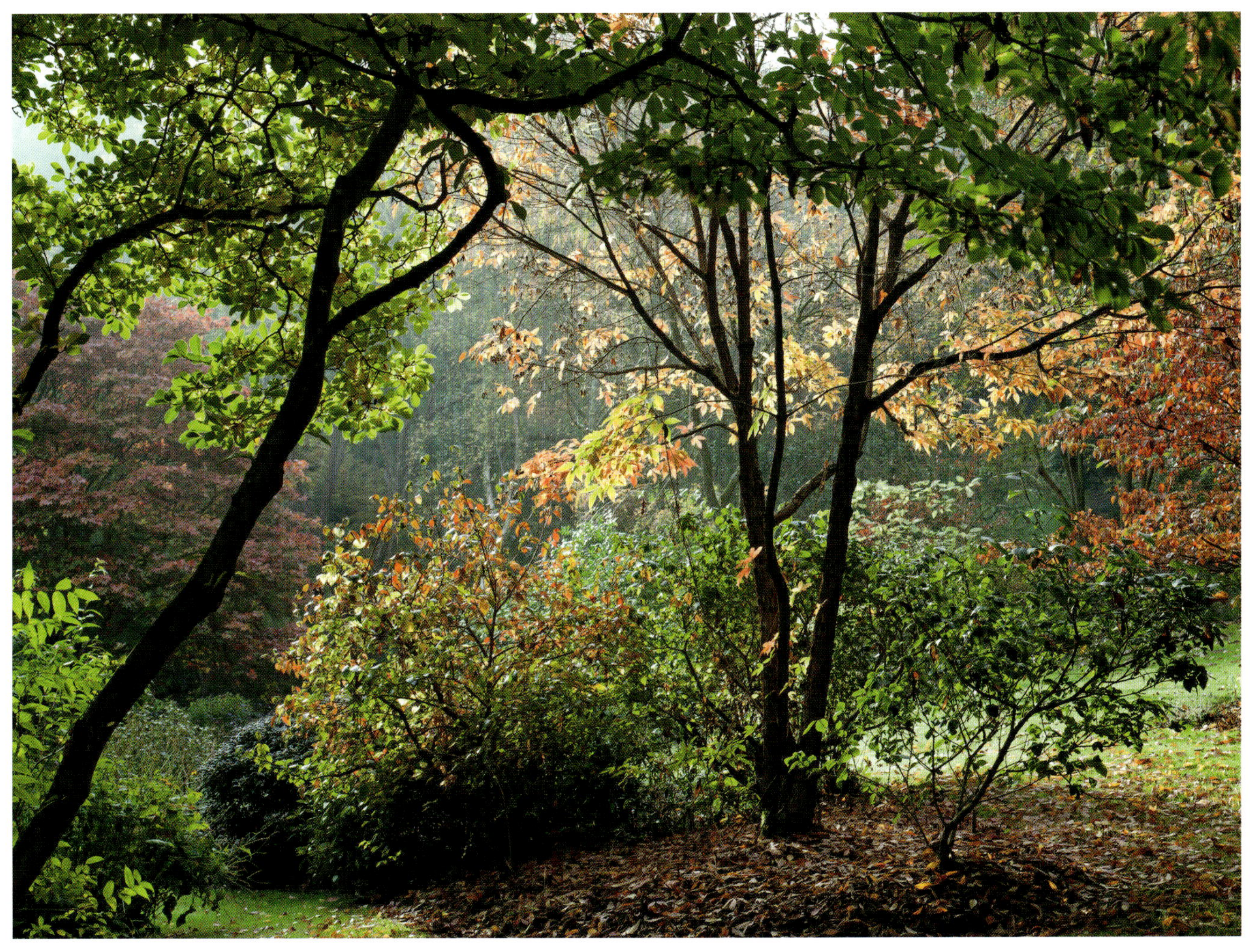

Acer triflorum et *Viburnum* x *carlcephalum* colorent de la même manière, tandis que la magnolia, au premier plan, reste vert.

Acer triflorum and *Viburnum* x *carlcephalum* colour up in the same way, while the magnolia in the foreground remains green.

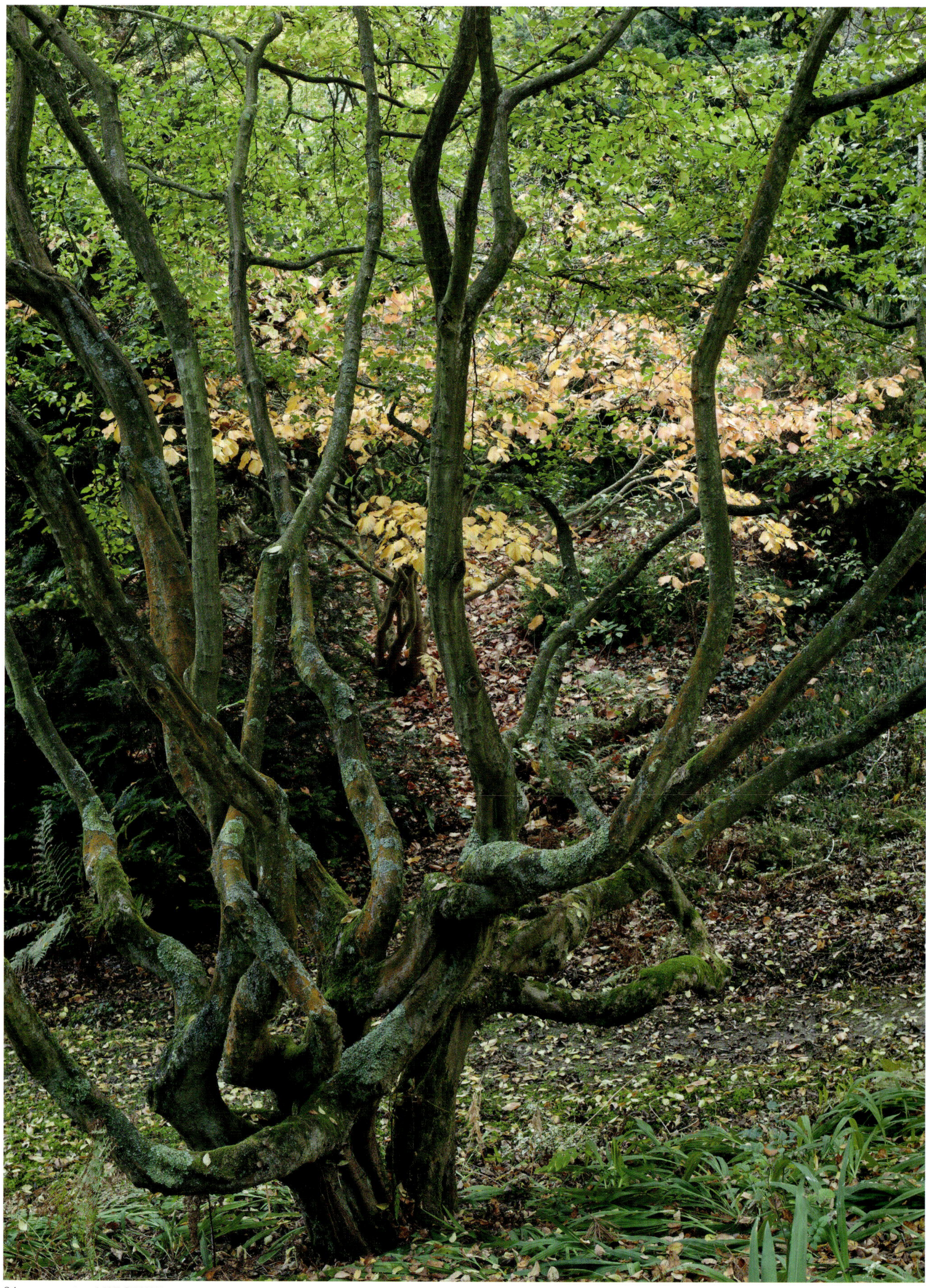

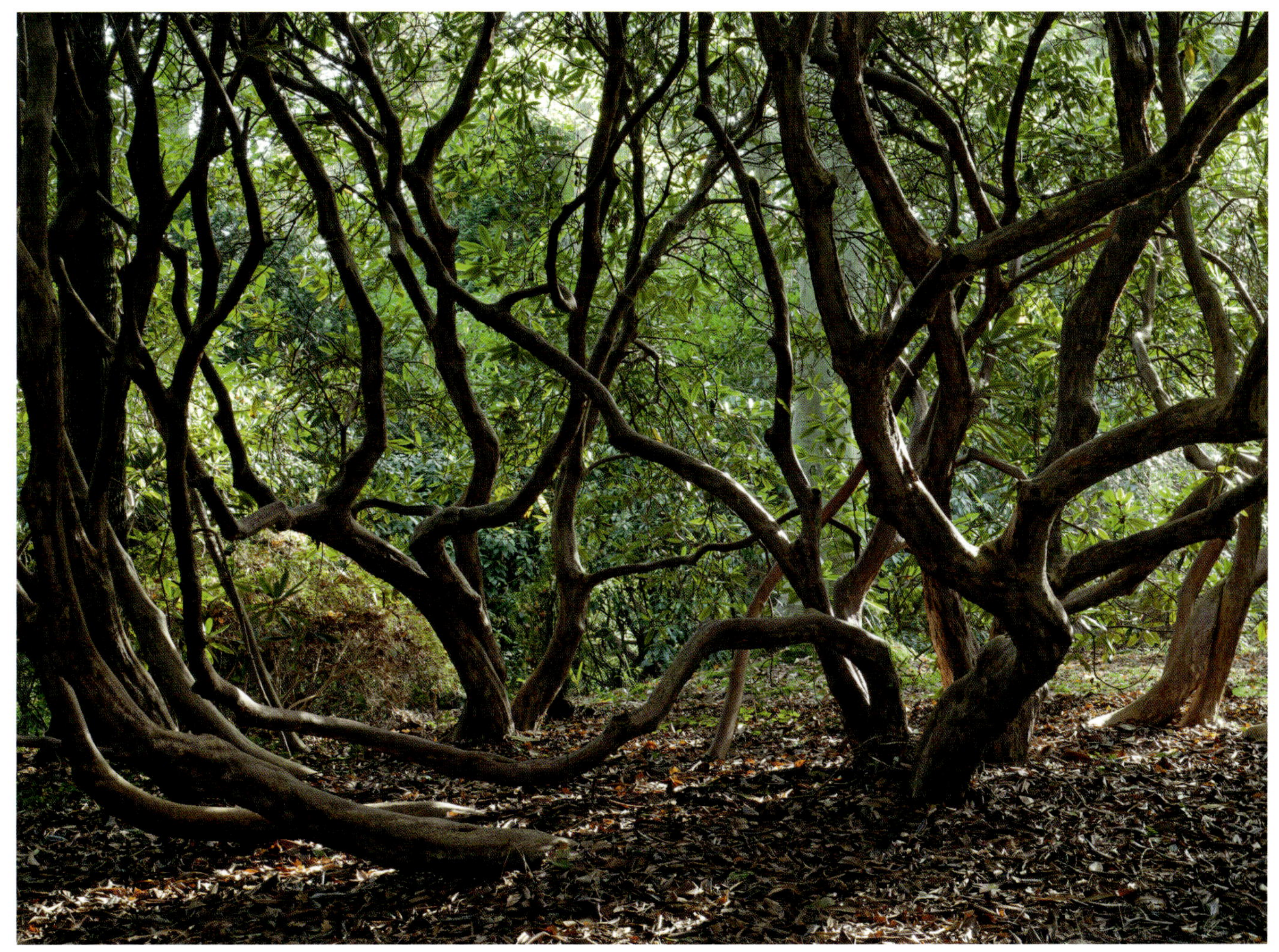

Dans le bois, les immenses *Rhododendron* x *halopeanum* se montrent tout aussi attrayants qu'en pleines fleurs.

In the wood, huge *Rhododendron* x *halopeanum* show themselves to be just as attractive as when in flower.

CI-CONTRE

Comme les feuilles tombent, le graphisme des arbres se révèle peu à peu, comme celui très intrigant du *Carpinus turczinanowii*.

OPPOSITE

As their leaves fall, trees gradually reveal their underlying structure, such as the intriguing shapes of *Carpinus turczinanowii*.

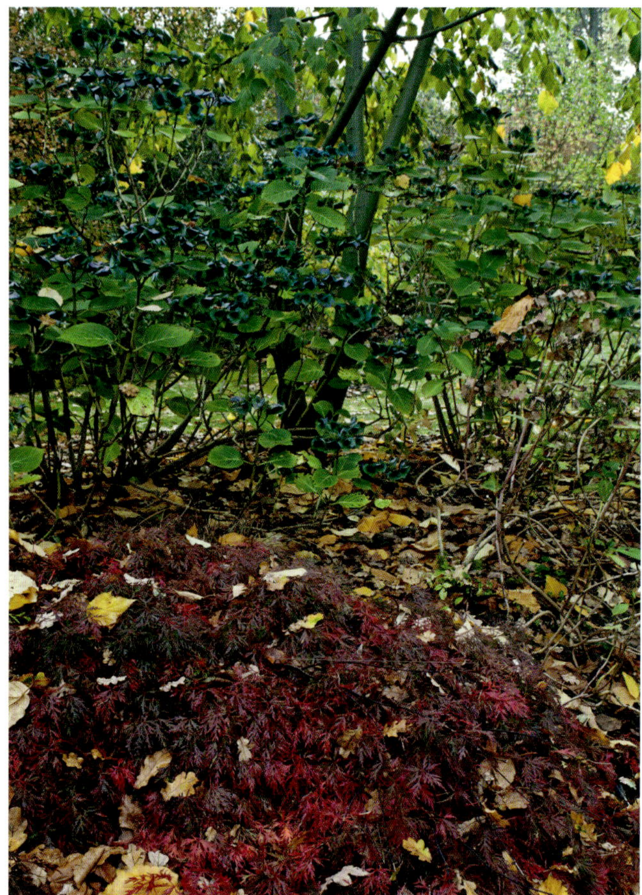

Un érable japonais pourpre et rampant (trouvé dans un semis) tapisse le pied de *Hydrangea* 'Eisvögel'.

A prostrate purple Japanese maple, discovered in a seed bed, covers the foot of *Hydrangea macrophylla* 'Eisvögel'.

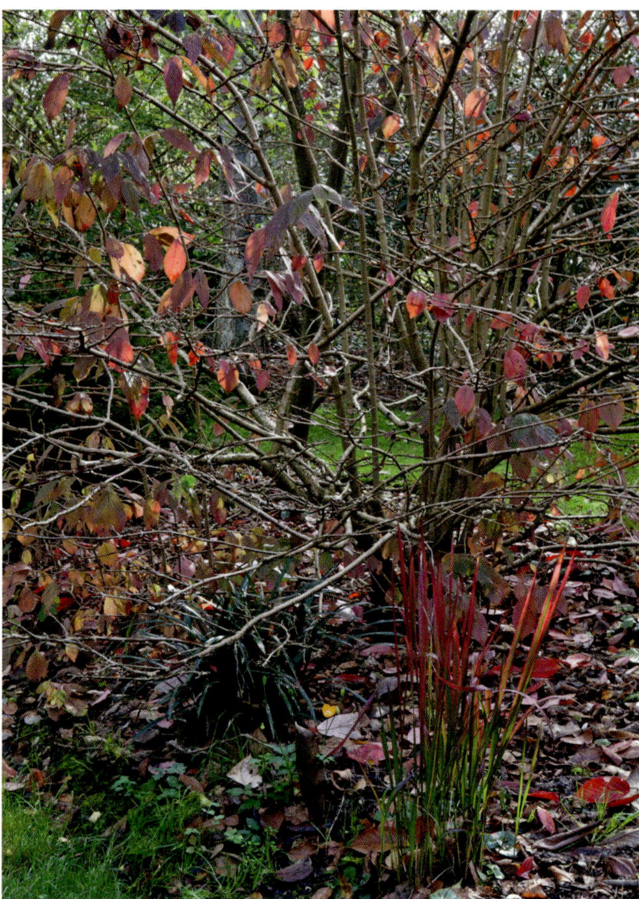

La graminée japonaise *Imperata cylindrica* 'Red Baron' rivalise avec la viorne de Chine *Viburnum plicatum* f. *tomentosum* 'Cascade'.

Imperata cylindrica 'Red Baron', a Japanese blood grass, vies with a Chinese *viburnum*, *V. plicatum* f. *tomentosum* 'Cascade'.

CI-CONTRE

Le petit buisson rouge est un *Enkianthus perulatus* déjà vieux de vingt ans, qui devance le nyssa de Chine (*Nyssa sinensis*) et le parrotia de Perse (*Parrotia persica*).

OPPOSITE

The small red bush is an *Enkianthus perulatus*, already 20 years old. It stands in front of a Chinese tupelo (*Nyssa sinensis*) and a Persian ironwood (*Parrotia persica*).

DOUBLE-PAGE SUIVANTE

Hêtre doré (*Fagus sylvatica* 'Zlatia') et *Hamamelis* x *intermedia* 'Diane'.

Tulipier doré (*Liriodendron tulipifera* 'All Gold') entouré d'érables japonais.

FOLLOWING TWO PAGES

Golden beech (*Fagus sylvatica* 'Zlatia') and *Hamamelis* x *intermedia* 'Diane'.

Golden tulip tree (*Liriodendron tulipifera* 'All Gold') surrounded by Japanese maples.

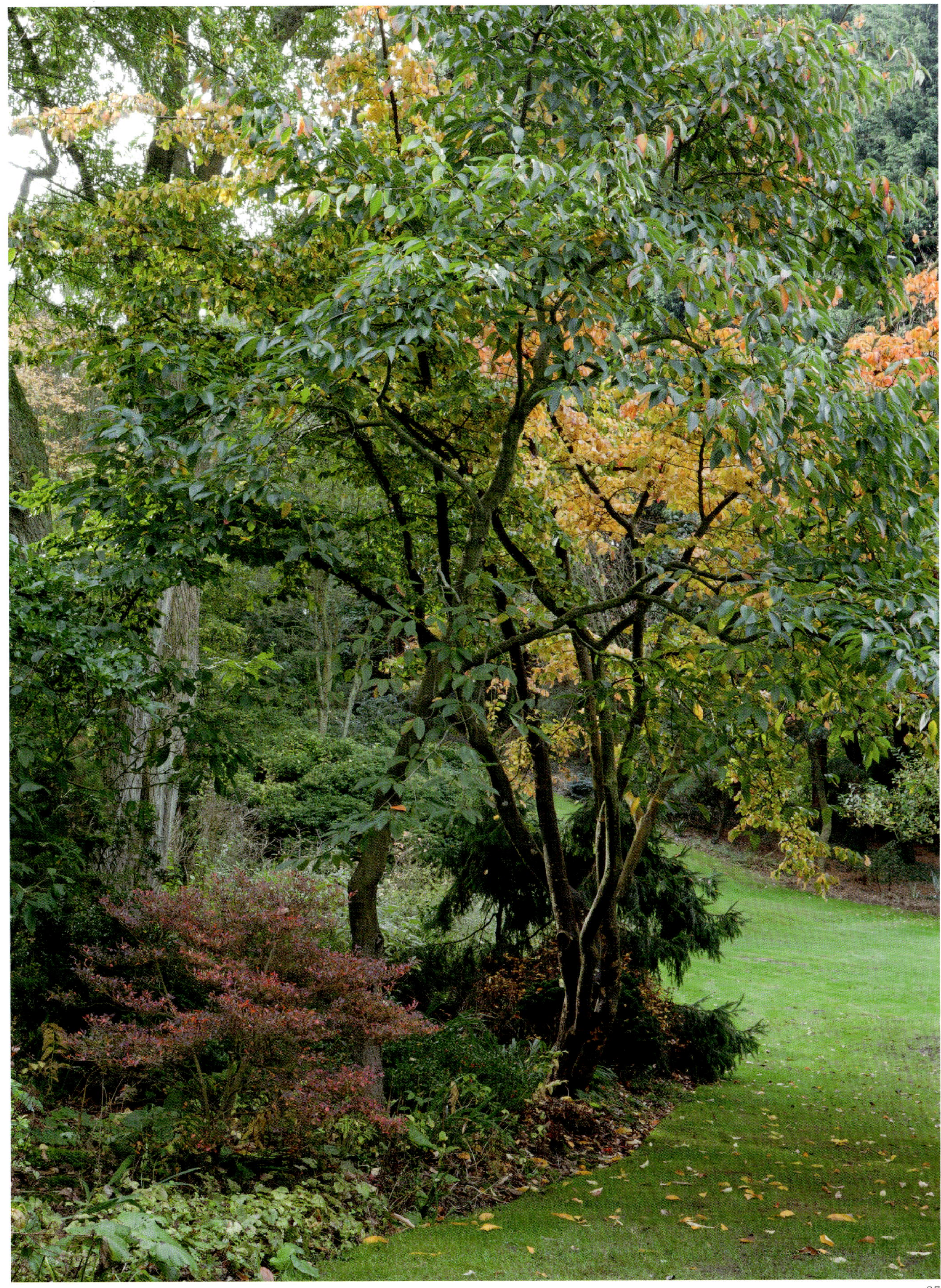

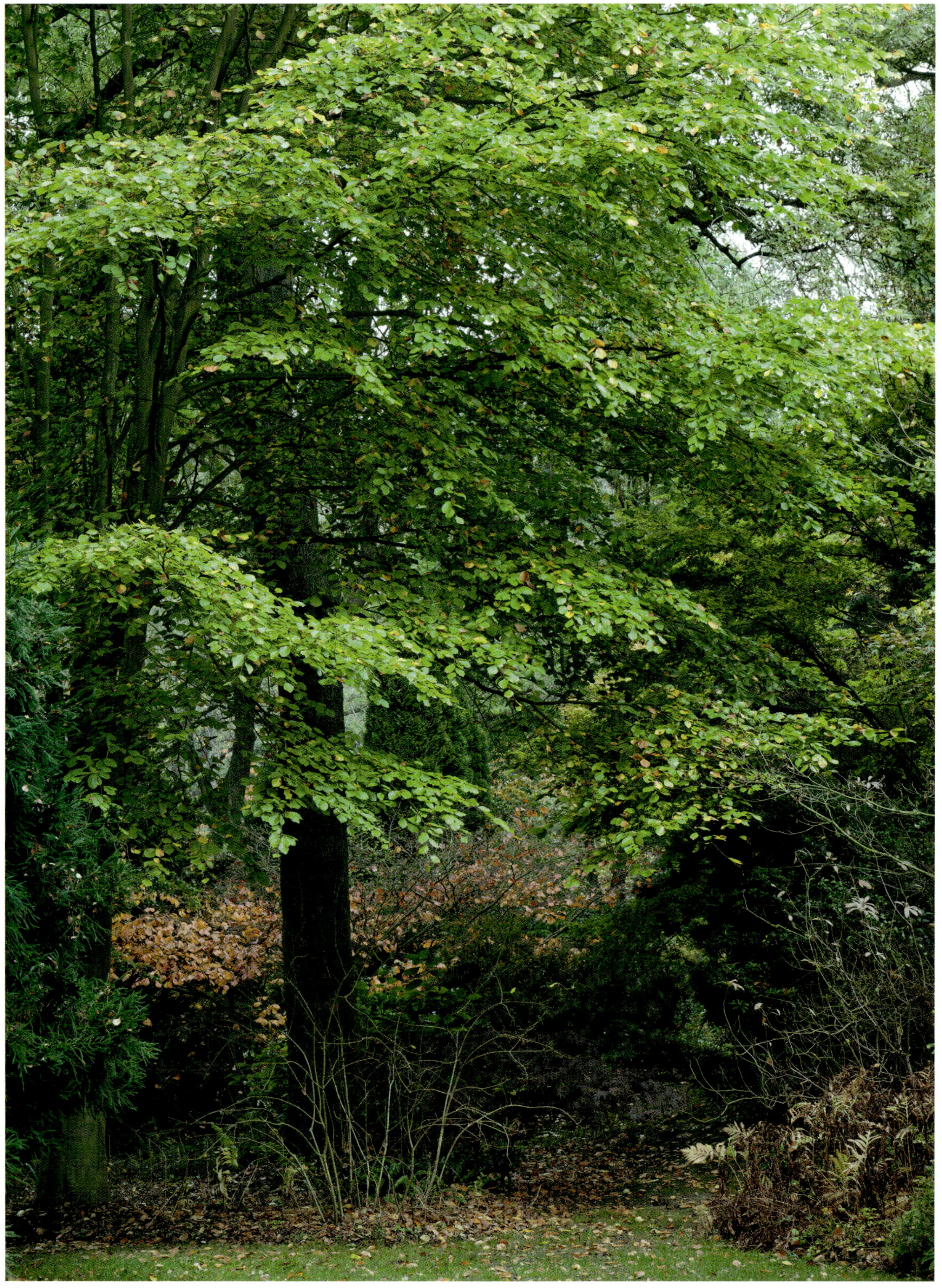

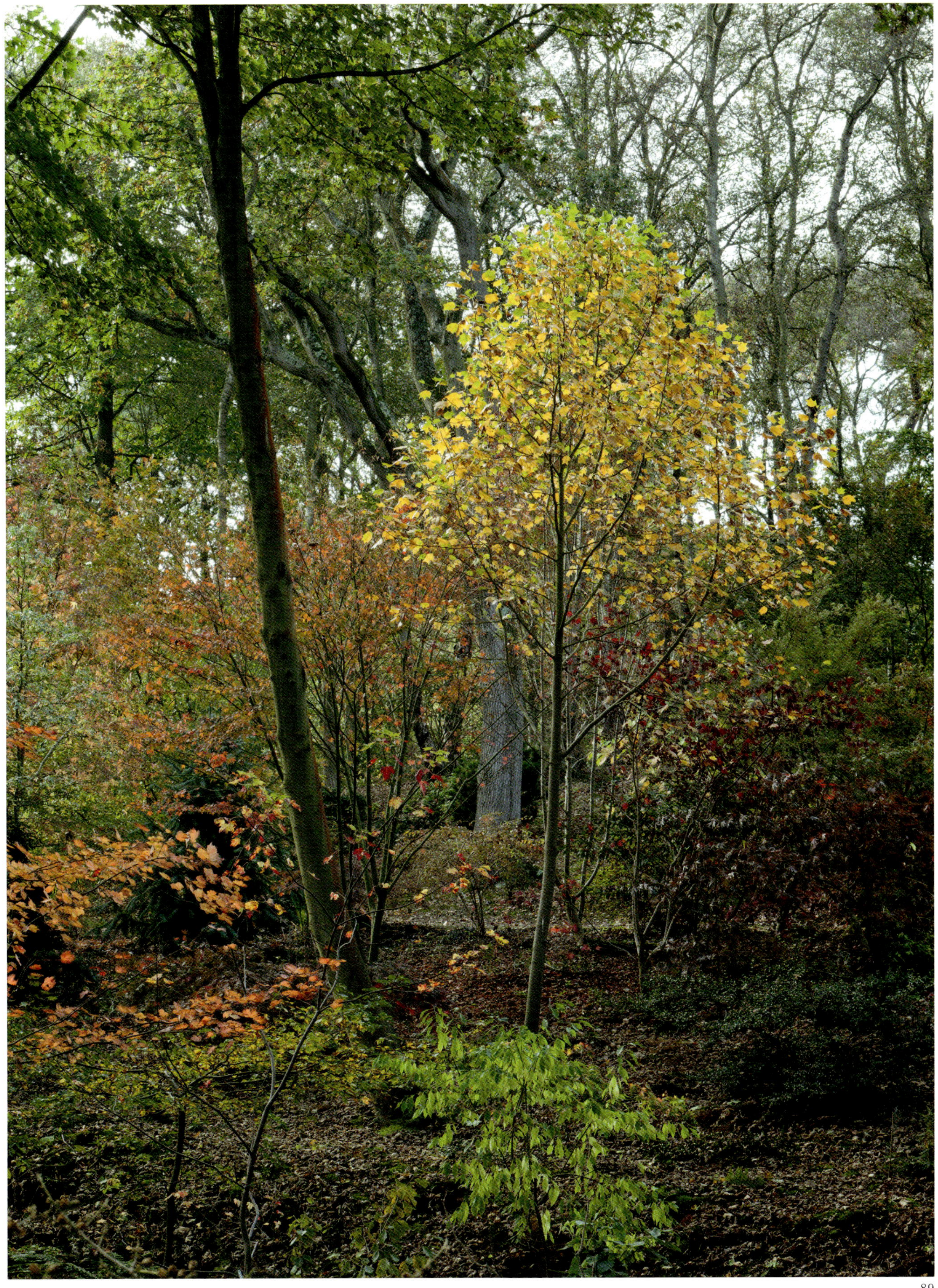

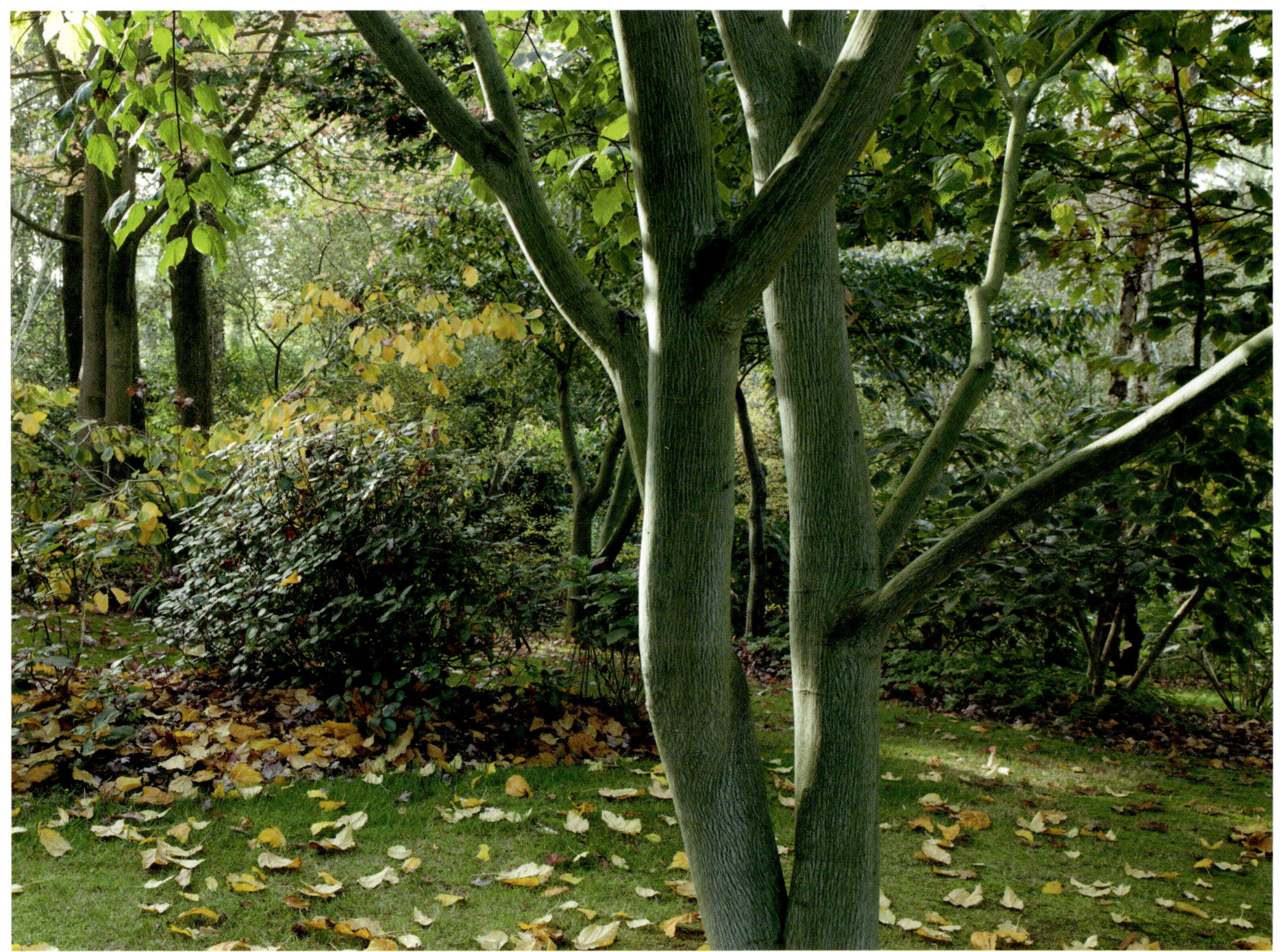

L'écorce de l'érable à peau de Serpent (*Acer* x *conspicuum*) devient de plus en plus lumineuse à mesure que les températures baissent.

The bark of this snakebark maple (*Acer* x *conspicuum*) becomes paler and more luminous as the temperatures fall.

DOUBLE-PAGE SUIVANTE

L'écorce remarquable du *Betula nigra* devient vraiment noire après une trentaine d'années ; au loin : l'*Acer palmatum* 'Ōsakazuki'.

FOLLOWING DOUBLE-PAGE SPREAD

The remarkable bark of *Betula nigra* turns really black after 30 years or so; in the distance is *Acer palmatum* 'Ōsakazuki'.

CI-CONTRE

La touffe de moline (*Molinia caerulea* subsp. *arundinacea* 'Karl Foerster') s'embrase devant le tronc du bouleau noir (*Betula nigra*) et la silhouette étagée du *Cornus controversa* 'Variegata'.

OPPOSITE

A tussock of *Molinia caerulea* subsp. *arundinacea* 'Karl Foerster' blazes in front of *Betula nigra* and the distinctive tiers of *Cornus controversa* 'Variegata'.

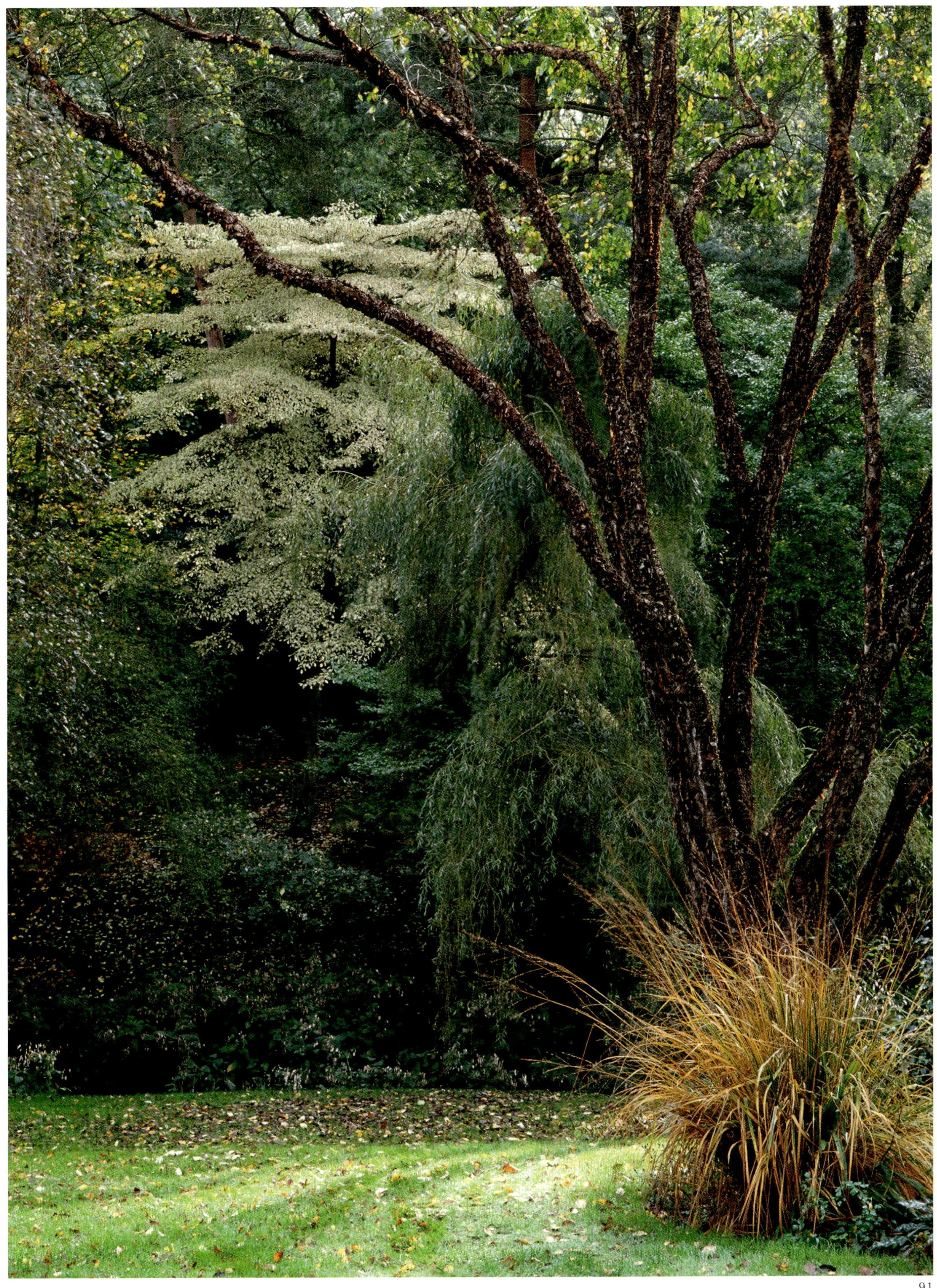

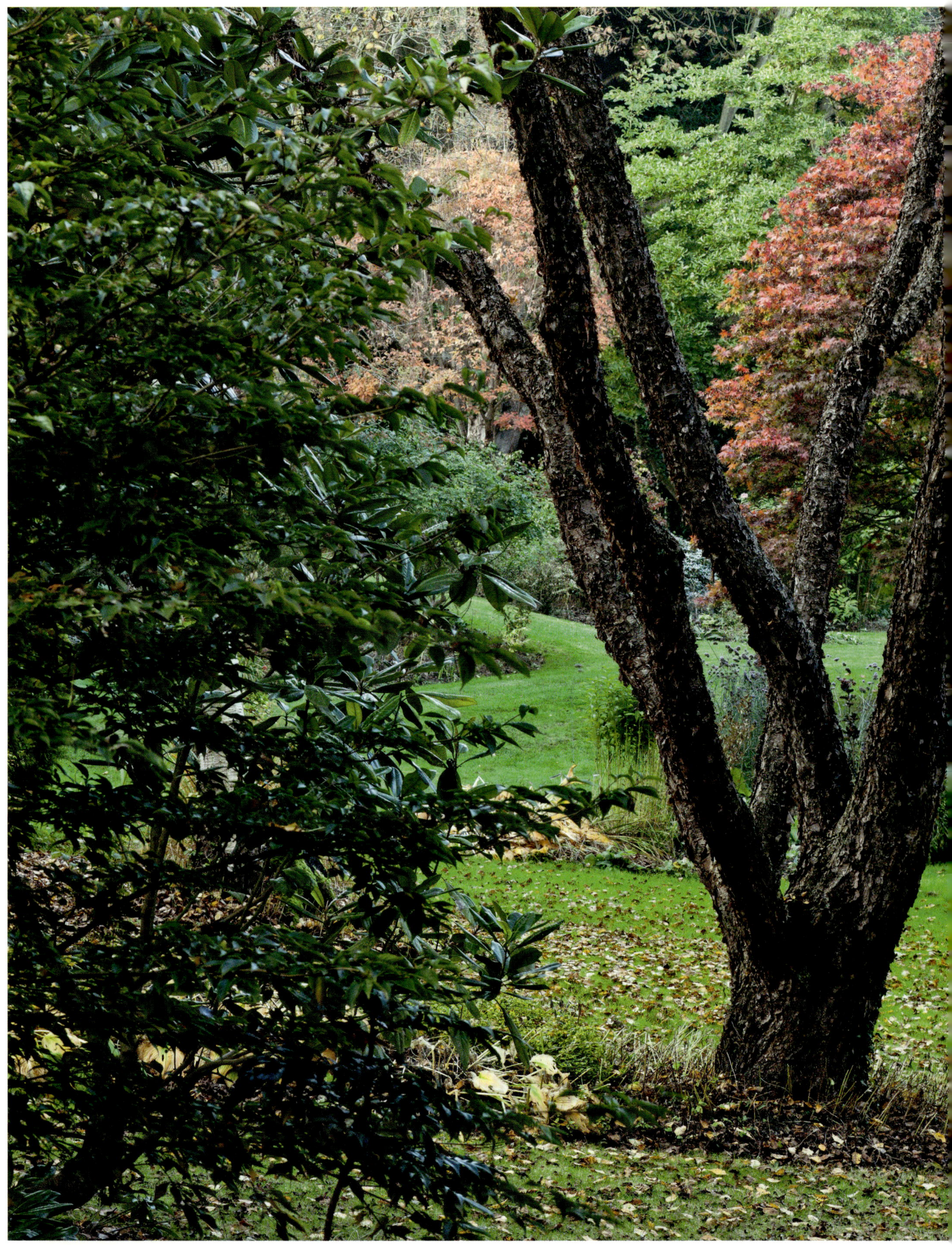

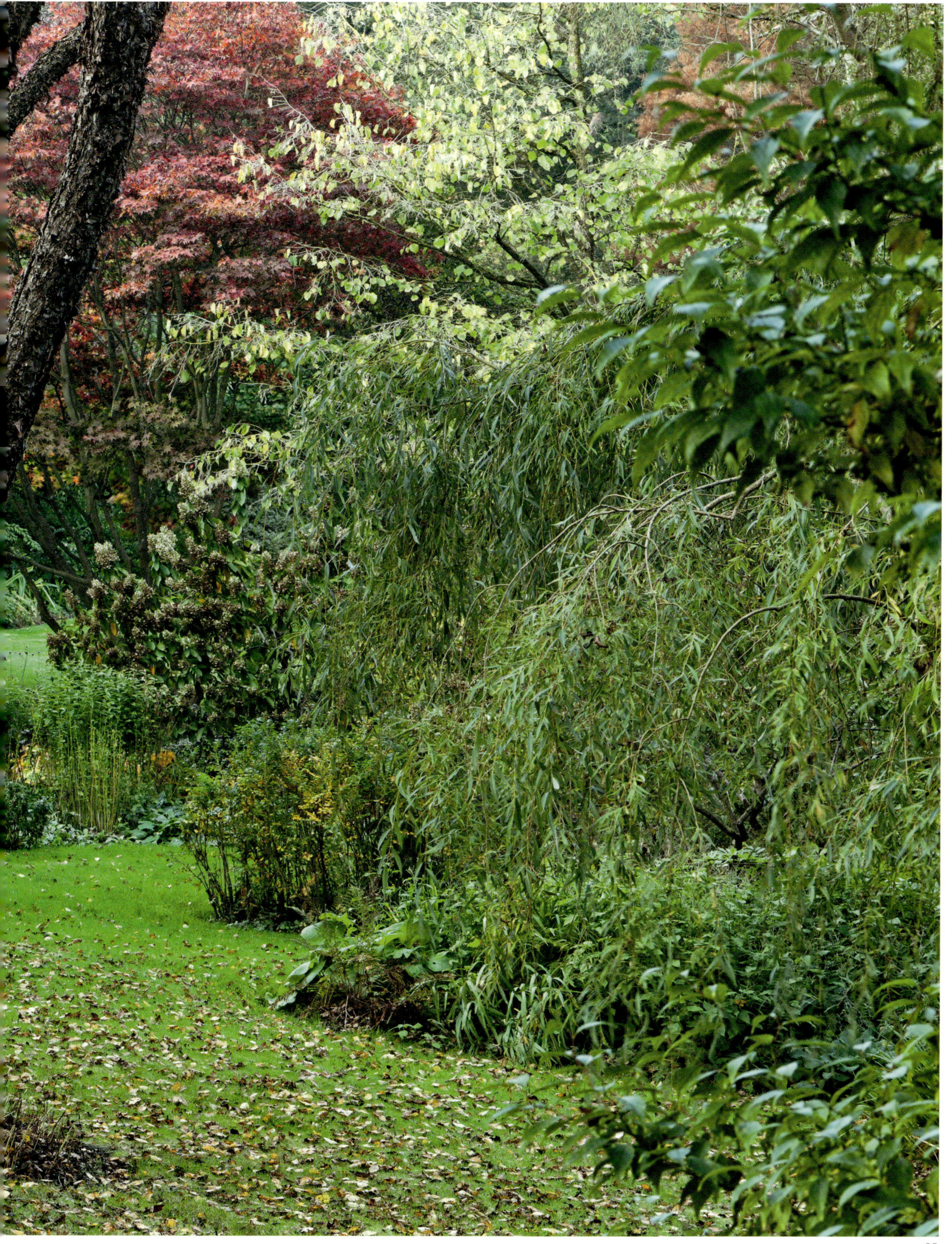

LE JARDIN DU VASTERIVAL

ADRESSE / ADDRESS

Allée Albert-Roussel, Route du phare d'Ailly,
76119 Sainte Marguerite-sur-Mer

CONTACT

tél. : 02-35-85-12-05 / +33 (0) 2 35 85 12 05
e-mail : levasterival@orange.fr
site internet : www.vasterival.fr

OUVERTURE / OPENING INFORMATION

Le jardin est ouvert toute l'année, pour les particuliers et les groupes.
Toutes les visites sont guidées (français/anglais) et uniquement sur rendez-vous.
Programmes, dates et tarifs des visites découvertes, thématiques et cours sur le site internet.

The garden is open all year, for individuals and groups.
All visits are guided (in French or English) and are by appointment only.
See the website for programmes, dates and prices for introductory tours, themed visits and courses.

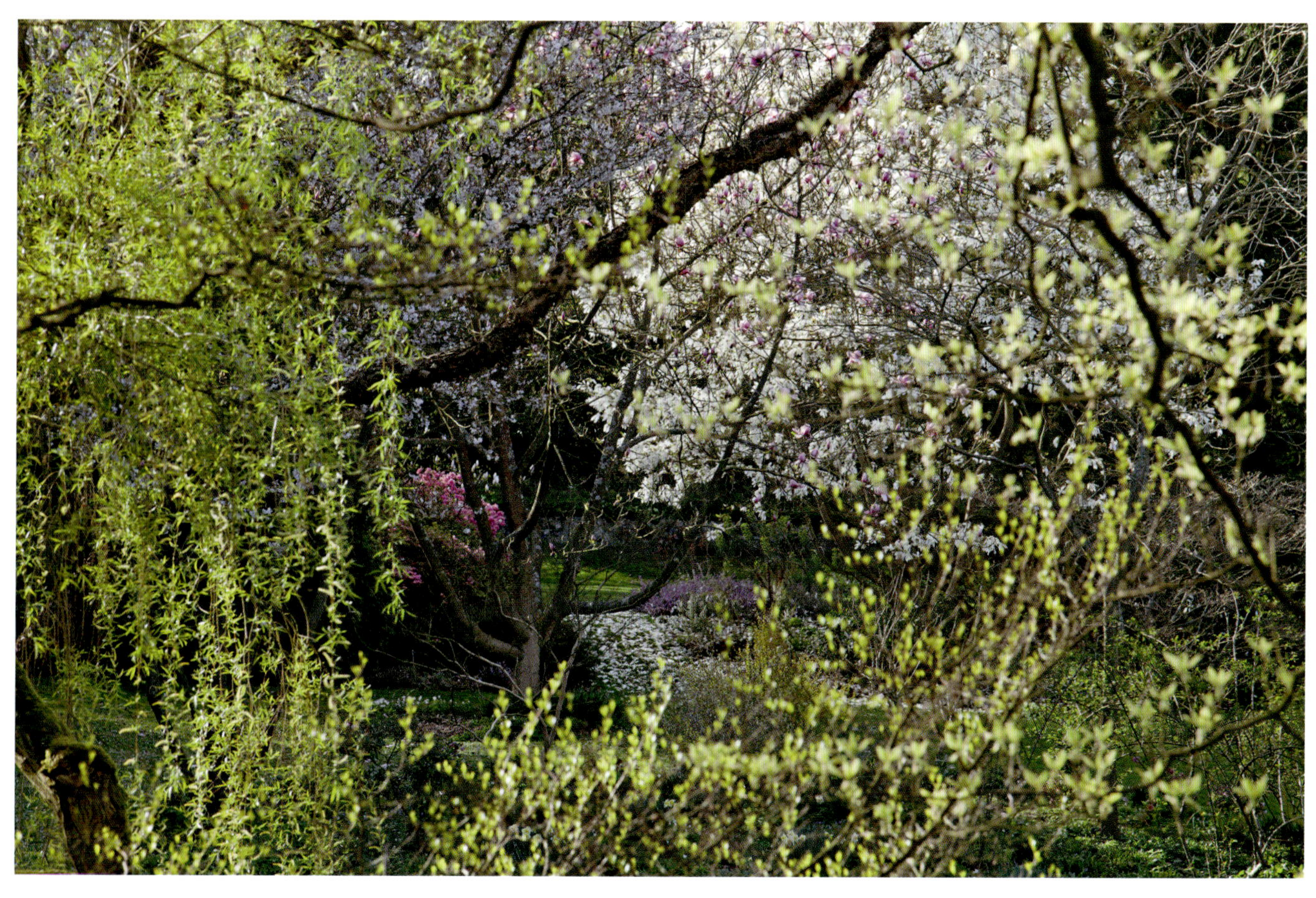